出海

解密中国企业
海外形象管理之道

常玉　李林蔚◎著

电子工业出版社
Publishing House of Electronics Industry
北京·BEIJING

未经许可,不得以任何方式复制或抄袭本书之部分或全部内容。
版权所有,侵权必究。

图书在版编目(CIP)数据

出海:解密中国企业海外形象管理之道 / 常玉,李林蔚著. —北京:电子工业出版社,2023.5
ISBN 978-7-121-45385-4

Ⅰ.①出… Ⅱ.①常… ②李… Ⅲ.①海外企业—企业形象—企业管理—研究—中国 Ⅳ.①F279.247

中国国家版本馆 CIP 数据核字(2023)第 070748 号

责任编辑:黄 菲　　文字编辑:刘 甜　　特约编辑:刘 露
印　　刷:三河市鑫金马印装有限公司
装　　订:三河市鑫金马印装有限公司
出版发行:电子工业出版社
　　　　　北京市海淀区万寿路 173 信箱　　邮编:100036
开　　本:720×1 000　1/16　印张:15　字数:312 千字
版　　次:2023 年 5 月第 1 版
印　　次:2023 年 5 月第 1 次印刷
定　　价:88.00 元

凡所购买电子工业出版社图书有缺损问题,请向购买书店调换。若书店售缺,请与本社发行部联系,联系及邮购电话:(010)88254888,88258888。
质量投诉请发邮件至 zlts@phei.com.cn,盗版侵权举报请发邮件至 dbqq@phei.com.cn。
本书咨询联系方式:1024004410(QQ)。

前言
Preface

　　伴随全球化进程的加快和"一带一路"倡议的推进，越来越多的中国企业参与到国际市场竞争中，企业"走出去"的速度正在逐渐加快。"走出去"既为中国企业带来了新机遇，也带来了融入东道国、实现共同发展的新压力和新挑战。其中，长期以来，海外市场对中国企业的刻板印象是困扰其"走出去"的难题，树立良好的企业形象成为中国企业的迫切需要，这不仅关系着企业海外经营的生存与发展，也关系着国家的形象和声誉。同时，"走出去"的中国企业在东道国所面临的关键难题是如何获取并维护组织合法性。企业海外经营的合法性会影响企业海外形象的建立，而企业在东道国的生存和发展，本质上就是一个不断克服制度障碍、获取组织合法性的过程。因此，探究组织合法性对"走出去"的中国企业形象的影响，对我国企业提升海外经营能力，增强其全球影响力和竞争力具有重要意义。

　　本书基于我多年来的研究成果及教学实践，以"走出去"的中国企业为研究对象，聚焦提升中国企业海外形象这一重大战略课题，采用规范的管理科学定量与定性相结合的方法，基于制度理论、动态能力理论和信号理论等，首先，明确了研究的背景及意义，指出

"走出去"的中国企业通过获取组织合法性来建立海外形象的重要性及必要性，评述了现有研究对本研究的启迪和仍需深入探寻的理论区域，并介绍了本研究的切入点；其次，从国际化程度、国际化动态能力及研发国际化等方面探寻企业国际化进程中对组织合法性具有重要影响的关键要素，明确其作用机理及内在机制；再次，从消费者感知和管理者主导逻辑的角度，运用扎根研究，深入解析了组织合法性获取及其影响下的中国企业海外形象提升路径；最后，基于实证分析与扎根研究，提出了企业海外形象的管理之道，旨在帮助"出海"企业拓宽组织合法性获取渠道，提升海外形象软实力。

本书由西北工业大学精品学术著作培育项目资助出版，在本书的撰写过程中，多位团队成员参与实地调研、数据收集及文献整理工作。其中，赵芹参与了第一章、第二章和第五章的修改完善；吴泽巽、朱倩玉、刘春雷参与了第三章的撰写；张勇参与了第三章的修改；李成璋和解若琳参与了第四章的数据收集及编码工作；李慧颖参与了本书框架的搭建，为本书的撰写提供了很多思路。此外，美国西弗吉尼亚大学的王新春老师提出了许多宝贵意见，书中的很多思考都得益于同王老师的跨时区交流和探讨，在此对王老师及诸位同学表示衷心的感谢。需要说明的是，本书部分数据因四舍五入，存在总计与分项合计不等的情况。书中难免存在一些考虑不周的疏漏，恳请各位专家及读者批评指正。

常　玉

目 录
Contents

第 1 章　出海何为：中国企业海外形象管理的缘起

    1.1　研究背景与意义　　/002

        1.1.1　研究背景　　/002

        1.1.2　研究意义　　/005

    1.2　研究内容与方法　　/007

        1.2.1　研究内容　　/007

        1.2.2　研究方法　　/009

    1.3　研究路线与创新点　　/010

        1.3.1　技术路线　　/010

        1.3.2　研究创新点　　/011

第 2 章　出海溯源：中国企业海外形象管理的理论剖析

    2.1　理论基础　　/016

        2.1.1　制度理论　　/016

        2.1.2　动态能力理论　　/019

        2.1.3　信号理论　　/021

2.2 文献回顾　/023

　2.2.1　企业海外形象相关研究　/023

　2.2.2　组织合法性相关研究　/026

　2.2.3　企业国际化相关研究　/030

2.3 研究述评　/037

2.4 研究切入点　/039

第3章　出海远行：中国企业组织合法性获取的国际化探索

3.1 国际化程度：组织合法性获取的隐性资源　/043

　3.1.1　问题提出　/043

　3.1.2　理论分析与假设提出　/044

　3.1.3　研究设计　/048

　3.1.4　数据分析与模型验证　/054

　3.1.5　本节结果讨论　/065

3.2 国际化动态能力：组织合法性获取的微观基础　/067

　3.2.1　问题提出　/067

　3.2.2　理论分析与假设提出　/069

　3.2.3　研究设计　/073

　3.2.4　数据分析与模型验证　/080

　3.2.5　本节结果讨论　/088

3.3 研发国际化：组织合法性获取的动力源泉　/089

　3.3.1　问题提出　/089

　3.3.2　理论分析与假设提出　/091

　3.3.3　研究设计　/101

　3.3.4　数据分析与模型验证　/108

　3.3.5　本节结果讨论　/121

第4章 出海之光：中国企业海外形象塑造的成功实践

4.1 从消费者感知看中国企业海外形象提升路径　/127

4.1.1　文献回顾　/127

4.1.2　研究设计　/132

4.1.3　案例企业扎根分析　/139

4.1.4　模型构建与阐释　/151

4.1.5　本节结果讨论　/164

4.2 从管理者主导逻辑看中国企业海外形象塑造重点　/166

4.2.1　文献回顾　/166

4.2.2　研究设计　/172

4.2.3　案例企业扎根分析　/176

4.2.4　模型构建与阐释　/192

4.2.5　本节结果讨论　/202

第5章 出海扬帆：中国企业海外形象管理的启示与展望

5.1 研究结论　/206

5.1.1　企业国际化相关要素对组织合法性影响的实证研究结论　/206

5.1.2　组织合法性对中国企业海外形象影响的扎根研究结论　/209

5.2 实践启示　/211

5.2.1　"走出去"的中国企业组织合法性策略　/212

5.2.2　"走出去"的中国企业海外形象塑造策略　/217

5.3 研究局限及展望　/221

主要参考文献　/223

第1章

出海何为：中国企业海外形象管理的缘起

- 研究背景与意义
- 研究内容与方法
- 研究路线与创新点

1.1 研究背景与意义

1.1.1 研究背景

（1）现实背景

自 2000 年 3 月全国人大九届三次会议期间"走出去"战略正式提出至 2020 年党的十九届五中全会通过的《中共中央关于制定国民经济和社会发展第十四个五年规划和二〇三五年远景目标的建议》（中央委员会，2020）提出，要加快构建以国内大循环为主体、国内国际双循环相互促进的新发展格局，"走出去"战略向新的战略高度不断攀升。《2020 年度中国对外直接投资统计公报》（商务部等，2021）显示，中国企业的投资经营活动已经遍布各大洲，涵盖全球 189 个国家和地区。这表明越来越多的中国企业参与到国际市场的竞争之中。"走出去"既为中国企业带来了新的机遇，也带来了融入东道国、实现共同发展的新挑战，相关现实案例的不断出现也在印证这一问题的严峻性。

企业形象是公众和消费者对企业概括性、抽象性的综合评价（胡钰，2015）。它是企业重要的无形资产，也是企业增强竞争力、提升企业价值、获得更多高黏性客户的重要源泉（程鹏飞和刘新梅，2011；朱乃平等，2014）。《2020年爱德曼信任度调查中国报告》（爱德曼和清华大学，2020）显示，全球28个国家和地区中有17个国家和地区的受访者对中国企业在本国经营活动的信任度数据进一步下降。"走出去"的中国企业承担着对外传播中国文化及提升国家形象的艰巨任务，如何成功地在海外市场中塑造受信任的企业海外形象是中国企业迈向国际化的重要课题。

"走出去"的中国企业能够在海外市场生存和发展的前提条件是得到东道国利益相关者及权威机构的认可，而其中的关键点就是获取组织合法性。组织合法性是"走出去"的中国企业融入东道国的重要资源，因此如何获取和维护组织合法性成为中国企业面临的现实问题。造成这一问题的主要原因之一就是中国企业的海外合规意识较差，在国际化经营中缺乏组织合法性，企业对社会责任承担较少且缺少知识产权保护意识（宋耘等，2021；周常宝等，2020）。同时，"走出去"的中国企业缺乏高效的危机处理能力，使得合法性短板更加严重地阻碍了企业形象塑造（葛安茹等，2020）。此外，合法性建立和企业形象改善不是一朝一夕所能完成的，因而需要用更有效和持久的手段加以解决。因此如何建立组织合法性，进而利用其塑造良好的海外形象，成为"走出去"的中国企业关注和亟待解决的热点问题。

（2）理论背景

组织合法性是指单独个体或组织的行为在指定的社会规则、信仰及价值观念等构建的系统中，被认为是合适的普遍性感知或假定，可以满足社会一般性的期望与假定（Suchman，1995）。企业在海外经营中，由于其外来者身份，相对于东道国本土竞争者，更容易违背利益相关者对企业的期望，从而陷入合法性缺失的困境。

合法性缺失是中国企业国际化经营中普遍存在的问题（程聪等，2017），获取和维护组织合法性是"走出去"的中国企业海外经营过程中需要一以贯之的活动。已有研究主要从制度理论视角探讨企业海外经营中合法性获取方式和途径，例如，有学者阐述了组织模仿和趋同（魏江和杨洋，2018）、组织身份协调与治理（周常宝等，2016；Hongjuan & Michael，2018）、制度落差（张红娟等，2015）、外交关系（汪涛等，2020）、来源国劣势类型（魏江等，2020）等对组织合法性获取的影响。少数学者利用案例研究从组织身份理论、社会心理学、动态能力理论等视角对组织合法性获取做了一定探讨（杨勃等，2020；周常宝等，2020；张化尧等，2018；陈衍泰等，2021）。

同时，组织合法性获取很有可能对企业海外形象产生积极影响。现有研究从两方面验证了这一观点：一方面，从企业角度而言，组织合法性对企业的资源获取、战略响应有积极影响，即企业的组织合法性越高，企业越容易获取资源，并且容易以较快的速度应对经营时出现的负面处境，进而有利于企业正面形象的塑造（郭海等，2018；宋晶与陈劲，2019）；同时，组织合法性可以减弱企业投资的政治风险，从而为企业营造一个塑造正面海外形象的环境（Luo et al.，2010）。另一方面，从消费者角度而言，组织合法性能够促进消费者对企业的正面感知，即企业的组织合法性越高，消费者对企业的正面感知就越强烈（马龙龙，2011）。从以上观点可以看出，组织合法性是一种重要的组织资源和合适的、满足社会期望的指标。组织合法性越高，企业就越容易满足社会的一般期望与假定，企业的形象就越正面。

上述研究为解释组织合法性及其与企业海外形象之间的关系提供了线索。然而，对于中国企业的国际化过程中的要素通过怎样的机制影响组织合法性这一问题，现有研究的阐释还不尽完善。此外，已有研究也并未对组织合法性影响中国企业海外形象的内在机理进行深入合理的诠释与检验。

（3）研究问题提出

随着"一带一路"倡议的推进与中国企业"走出去"步伐的加快，企业走出合法性困境迫切需要更加行之有效且可持续的解决方案，企业海外形象提升急需更为有力的理论支撑。学术界普遍认为组织合法性是企业在海外经营过程中不可或缺的资源（Vaara & Tienari，2011）。但对于"走出去"的中国企业，哪些国际化要素会影响组织合法性，以及组织合法性获取与企业海外形象间关系的内在机理仍有待进一步探索与挖掘。

综合现实问题与理论背景，本书主要围绕两个大方面展开研究，在中国企业"走出去"的深度国际化背景下：

①探索"走出去"的中国企业国际化的相关要素对组织合法性的影响，具体涵盖国际化程度、国际化动态能力及研发国际化对组织合法性影响的三个子研究；

②揭示组织合法性获取影响企业海外形象提升的时序区间及跃迁路径，主要包括从消费者感知和管理者主导逻辑驱动视角明晰组织合法性对企业形象影响的两个子研究。

1.1.2 研究意义

"走出去"的中国企业在东道国的生存和发展，就是一个实现组织合法性的过程。但是现有研究过多关注西方成熟制度环境下企业的跨国经营问题，对新兴经济体企业特别是"走出去"的中国企业的现实实践缺乏理论指导。本书从"走出去"的中国企业如何提升形象从而宣传并维护我国"负责任大国形象"的视角出发，总结当前最新研究动态，在现有研究基础上将企业组织合法性及企业海外形象确定为研究对象，重点分析组织合法性获取机制及探寻组织合法性和中国企业海外形象的关系机理。

（1）理论意义

首先，组织合法性是"走出去"的中国企业需要获取的关键性资源，不仅会受到企业国际化程度的制约，还会受到企业自身动态能力的限制，也会因研发国际化而受到影响。本书基于制度理论、动态能力理论和信号理论，探索了上述中国企业国际化相关要素对组织合法性的影响，构建影响机理模型并运用沪深两市 A 股上市公司二手数据开展实证检验，丰富并完善了中国企业海外经营合法性获取机制的研究。

其次，现有研究对中国企业海外形象的建构多采用理论性阐述，缺乏机制与路径的现实分析。本研究基于信号理论和制度理论，从消费者感知视角和管理者主导逻辑驱动视角，揭示组织合法性获取影响企业海外形象提升的时序区间及跃迁路径，采用程序化扎根的质性研究方法，梳理典型案例企业现实数据，揭开组织合法性作用于"走出去"的中国企业海外形象的中间过程的"黑箱"，为中国企业树立良好的海外形象提供理论支撑。

（2）实践意义

首先，研究成果对"走出去"的中国企业获取组织合法性提供可借鉴的经验。合法性难题是"走出去"的中国企业国际扩张的焦点问题，而缺乏有针对性的理论指导使这一问题更为突出。本书通过深入剖析国际化要素对组织合法性的影响，使"走出去"的中国企业加深对组织合法性的认识，从国际化程度、国际化动态能力和研发国际化等方面提出组织合法性获取策略，提供切实的理论依据和决策支撑。

其次，研究成果对"走出去"的中国企业利用组织合法性来提升企业海外形象提供可行路径。"走出去"的中国企业想要进入东道国市场进行经营，需要在不同的市场上选择更合适的组织合法性策略，不断提升海外形象。本书从"走出去"的中国企业的实际案例切入，分别阐述组织合法性在消费者感知视角和管理者主导逻辑驱动视角下对企业海外形象的影响，为企业管理者提升企业海外形象提供了现实指导，对中国企业提高全球影响力和竞争力，具有实践意义和价值。

1.2 研究内容与方法

1.2.1 研究内容

根据本研究拟解决的核心问题，本书以制度理论、动态能力理论及信号理论等相关理论为基础，在现有研究基础上结合文献检索分析、数据库资料收集、案例企业调研、扎根研究及实证研究等方法，获取相应资料及一手、二手数据并进行分析探讨，针对所得结论提出相应的管理实践策略，本书的研究架构和内容如下所示：

第 1 章，出海何为：中国企业海外形象管理的缘起。该章论述了研究背景，通过阐述"走出去"的中国企业面临组织合法性缺失、组织合法性短板阻碍企业海外形象提升这一现实问题，以及现有组织合法性获取及其与企业形象之间关系的研究缺口，提出了本研究需探究的问题，阐述了研究意义。据此确定了研究的主要内容、创新点、研究方法及技术路线。

第 2 章，出海溯源：中国企业海外形象管理的理论剖析。该章介绍了本研究模型构建过程中所使用的理论基础，主要包括制度理论、动态能力理论和信号理论等，并对企业海外形象、组织合法性和企业国际化等主要研究变量进行了国内外文献综述，通过对现有研究进行评述，明确本研究需深入探寻的理论区域。

第 3 章，出海远行：中国企业组织合法性获取的国际化探索。该章从企业国际化程度、企业国际化动态能力和研发国际化角度出发，基于现实情境和文献分析，分别构建了相关变量与组织合法性的关系理论模型，分析双元创新能力、制度距离、国际化速度和国际化节奏等调节变量的作用，采用 Stata 15.0 统计软件，运用沪深两市 A 股上市公司二手数据开展实证检验。

第 4 章，出海之光：中国企业海外形象塑造的成功实践。该章在前述研究背景及文献综述的基础上，采用案例扎根研究法，一方面，从消费者感知视角出发，研究了"走出去"的中国企业组织合法性获取对其海外形象的影响，探讨了企业海外形象提升的时序区间及消费者感知指导下的形象跃迁路径；另一方面，从管理者主导逻辑出发，探讨外部环境和内部情境对管理者主导逻辑形成的影响，分析管理者主导逻辑对组织合法性获取策略的影响，并揭示了组织合法性获取策略指导企业海外形象建立的内在机理。

第 5 章，出海扬帆：中国企业海外形象管理的启示与展望。通过上述实证研究及案例扎根研究，该章总结了本书的主要研究结论，并提出了"走出去"的中国企业在瞬息万变的国际形势下建立组织合法性及塑造企业海外形象的策略措施，帮助企业管理者拓宽企业海外合法性获取渠道，提升企业海外形象软实力。最后，该章还对本书的研究局限及未来研究展望进行了总结阐述。

1.2.2 研究方法

本研究从多种理论出发对研究问题展开分析，综合应用了文献研究法、实证研究法、扎根理论等方法，通过归纳与演绎相结合、定量与定性相补充来进行研究，具体如下：

（1）文献研究法

文献研究法主要用于文献的收集和梳理，在此基础上提出研究问题。通过对文献进行检索、分析和探索，梳理国内外关于制度理论、动态能力理论及信号理论等理论，以及企业海外形象、组织合法性和企业国际化等相关变量的发展脉络与现状，并且针对重点文献进一步分析现有研究中不充分或者缺乏一致性之处，找到当前的研究缺口。同时，结合现实实践提出研究主题和初步构思，进一步确定国际化程度、国际化动态能力和研发国际化等变量与组织合法性之间的关系，提出研究假设，构建本研究的概念模型。

（2）实证研究法

本研究将对提出的理论模型与假设进行实证检验，具体包括国际化程度、国际化动态能力和研发国际化等变量与组织合法性之间的内在影响机制，以及双元创新能力、国际化速度、国际化节奏等变量的调节作用。通过万得数据库（Wind）、国泰安数据库、汤姆森金融数据库（SDC）、上市公司年报、《境外投资企业（机构）备案结果公开名录》及谷歌搜索引擎等获取二手数据，运用 Stata 15.0 统计软件对各变量进行描述性统计分析、相关性分析和多元回归分析等分析方法来验证变量间的理论模型与假设。

（3）扎根理论

扎根理论是指结合管理实际，以典型案例为素材，采用三级编码程序，通过具体分析、解剖，促使人们进入特定的管理情境，建立真实的管理体验并寻求管理问题的解决方案或揭示其内在机理。"走出去"的中国企业海外形象塑造是一个复杂的形象建立过程，而扎根理论非常适合探索现象背后的"Why"和"How"问题（Eisenhardt & Graebner, 2007; 毛基业和陈诚, 2017）。因此，本研究采用扎根理论，从管理者主导逻辑视角和消费者感知视角出发，探讨了管理者主导逻辑驱动下组织合法性获取策略的制订和选择，以及企业海外形象提升的时序区间和消费者感知指导下的形象跃迁路径。在对研究问题进行生动细致分析的基础上，帮助读者把握中国企业海外形象塑造相关事实的内在机理。

1.3 研究路线与创新点

1.3.1 技术路线

为回答组织合法性对"走出去"的中国企业形象的影响这一问

题，本研究首先利用文献研究法回顾理论基础和展开文献综述，其次利用实证研究法定量分析国际化相关要素对组织合法性的影响，再次采用质性扎根研究分别从消费者感知和企业管理者主导逻辑驱动视角分析组织合法性对中国企业海外形象的影响，最后提出研究的实践启示。本研究的技术路线如图 1-1 所示。

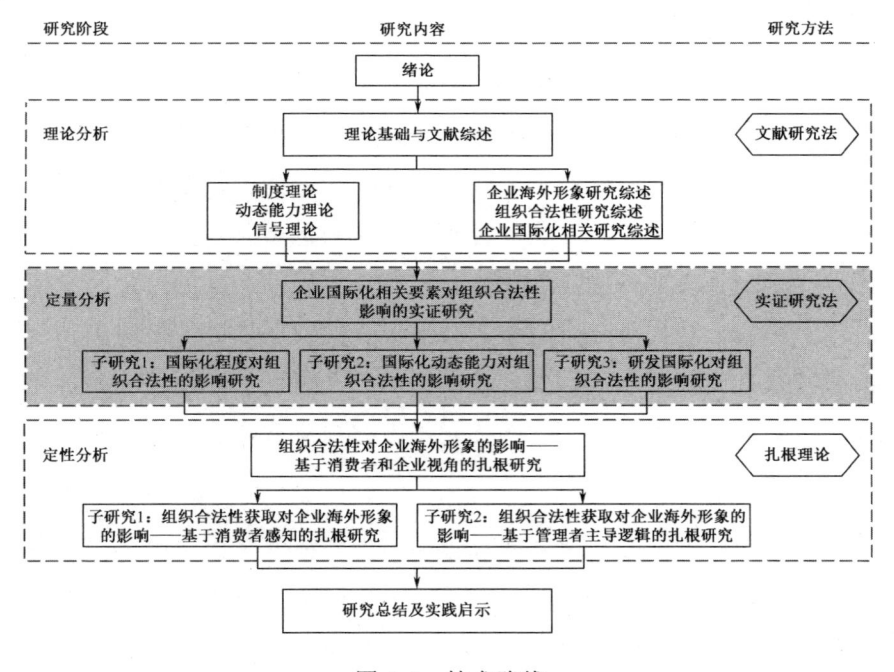

图 1-1 技术路线

1.3.2 研究创新点

本书以"走出去"的中国企业为研究对象，聚焦提升中国企业海外形象这一重大战略问题，采用规范的管理科学定量与定性相结合的研究方法，基于制度理论、动态能力理论和信号理论，首先，从国际化程度、国际化动态能力及研发国际化等方面探寻企业国际化进程中对组织合法性具有重要影响的关键要素,明确其作用机理及内在机制;其次,从消费者感知和管理者主导逻辑角度,运用扎根研究,深入解析组织合法性获取影响中国企业海外形象的提升路径;最后,基于实证分析与扎根研究结论,提出提升中国企业海外形象的管理策略。具体创新点如下:

(1) 理论创新点

首先,组织合法性是企业跨国经营研究的重要基础变量,探寻企业国际化进程中对组织合法性具有重要影响的关键要素,明确其作用机理及内在机制,对企业组织合法性获取至关重要。本研究探索了"走出去"的中国企业国际化与组织合法性之间的关系,实证分析了中国企业国际化进程中影响组织合法性获取的关键前因,具体包括企业国际化程度、国际化动态能力及研发国际化,此外,还分析了双元创新能力、制度距离、国际化速度及国际化节奏对变量间关系的调节作用。

其次,一方面从消费者感知视角出发,研究了"走出去"的中国企业组织合法性获取对其海外形象的影响,探讨了企业海外形象提升的时序区间及消费者感知指导下的形象跃迁路径;另一方面从管理者主导逻辑出发分析管理者主导逻辑对组织合法性获取策略的影响。企业据此制订行之有效的管理策略,从而提升企业形象,促进国际化绩效,助力"一带一路"倡议的实施。

(2) 实践创新点

现有研究大多关注西方制度环境下企业的跨国经营问题,对发展中国家特别是新兴经济体的企业海外经营缺乏行之有效的实践价值。本书在深入开展企业国际化相关要素对组织合法性影响的实证研究，以及"走出去"的中国企业组织合法性如何影响企业海外形象扎根研究的基础上，提出了"动态组合国际化的深度和广度策略，发挥双元创新优势""夯实国际化动态能力建设，正确处理制度距离带来的影响""合理布局企业海外研发，协调控制国际化速度和节奏""重视消费者感知，丰富新媒体传播手段，强化本土化宣传""调整企业管理者主导逻辑，注重合规经营"等管理策略，为"走出去"的中国企业提升海外形象提供现实指导。

（3）研究方法创新点

本研究聚焦"走出去"的中国企业组织合法性获取及其对企业海外形象提升问题，采用规范的管理学实证研究与程序化扎根案例研究相结合的研究方法，兼具了研究结果的普适性与典型性：一方面通过构建理论模型，结合沪深两市 A 股上市公司二手数据和多元回归分析，实证检验国际化要素影响组织合法性的机制；另一方面基于半结构化深度访谈和案例企业扎根，剖析管理者主导逻辑驱动视角和消费者感知视角下组织合法性与企业海外形象的机理。此外，采用了多种数据源，既有来自万得数据库（Wind）、国泰安数据库等大样本量化数据，又有来自典型企业的访谈等质性数据，系统剖析研究问题的内在机理，增强了研究结论的可靠性。

第 2 章

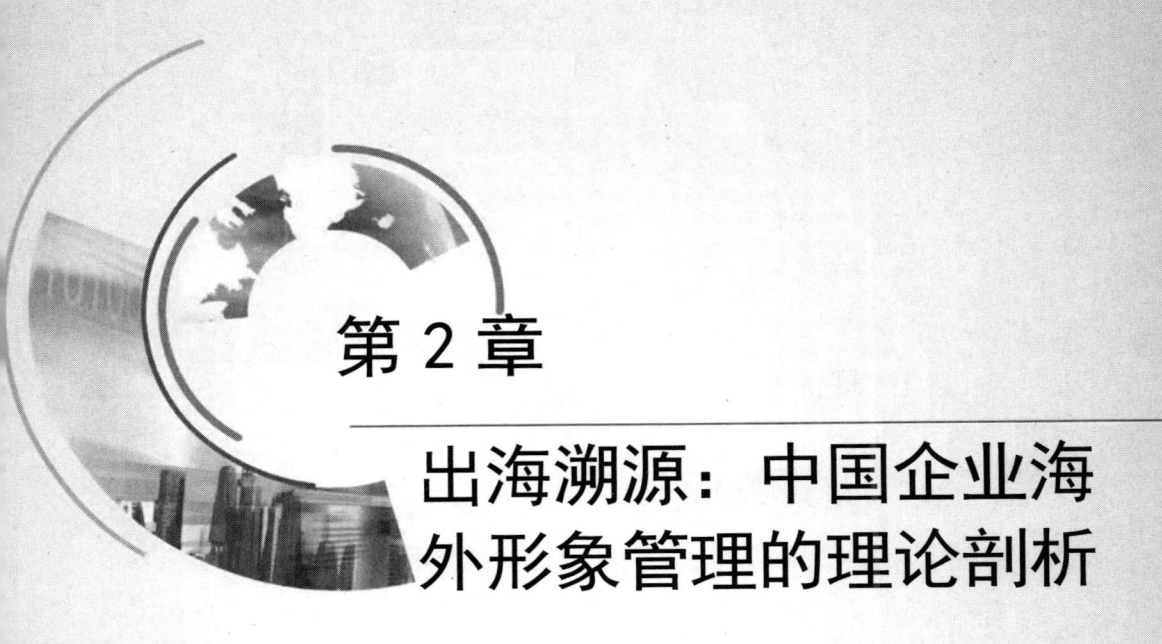

出海溯源：中国企业海外形象管理的理论剖析

- 理论基础
- 文献回顾
- 研究述评
- 研究切入点

2.1 理论基础

本研究综合运用制度理论、动态能力理论和信号理论，分析了中国企业国际化对组织合法性的影响及组织合法性影响企业海外形象的内在机理。在中国企业国际化对组织合法性的影响研究方面，利用制度理论、动态能力理论和信号理论分别实证检验了国际化程度、国际化动态能力和研发国际化对组织合法性的影响机制。在组织合法性影响企业海外形象的内在机理方面，基于信号理论从消费者感知视角构建了"组织合法性→消费者感知→企业海外形象"的具体路径，并采用制度理论从管理者主导逻辑视角分析了组织合法性影响企业海外形象的内在机理。

2.1.1 制度理论

（1）制度理论概述

制度理论起源于19世纪末20世纪初，根植于社会科学，是用于研究组织和社会基本构成单元的最重要方法之一（Zucker，1987）。

目前制度理论主要分为两个流派（涂智苹和宋铁波，2016）。第一个是研究制度和制度概念对经济绩效影响的经济学派，即新制度经济学。该学派的代表人物为 North，主要观点是认为制度是一种博弈规则，用来约束企业行为及企业之间的关系，包含国家的法律等正式制度，以及社会风俗和规范等非正式制度（North，1990）。新制度经济学关注制度环境对组织行为决策的影响，而组织或企业做出相应决策满足效益最大化，导致了经济效率的差异化（徐书彬，2021）。第二个是以关注企业组织如何应对制度压力和遵守规范而获得合法性地位的组织社会学派。该学派的代表人物为 Suchman，他认为制度是特定环境下，社会规则、法律制度及认知规范所组成的一个有机系统，企业只有遵守社会价值体系并不断适应此系统，才能获得合法性（Suchman，1995）。Scott（1995）持类似观点，他认为制度有三个重要维度，分别为规范、规制和认知，制度环境可以通过规范认同、模范认同和强制认同对企业的管理架构及经营模式产生影响，此时，企业行为如果在制度环境的约束下，同制度规范、规制及认知趋同并保持一致，就能获得合法性。此处的合法性（Legitimacy）是组织社会学派在制度理论中提出的一个重要概念，它能够帮助企业在经营活动中获得社会公众的认可，是本研究的关键研究对象，因此本研究遵循组织社会学派的观点。

制度理论相关研究主要有四大方面，分别为组织行为战略、市场结构与绩效、组织社会网络或组织场域、制度与创新创业（涂智苹，2016）。在组织行为战略方面，聚焦于在既定制度环境中，组织通过公司治理（马新啸等，2021；唐跃军和左晶晶，2020；张其林和汪旭晖，2021；蔡栋梁等，2022）、知识学习和技术创新（杨博旭，2021）等途径，实现组织效益增长。在市场结构与绩效方面，关注市场结构与企业效益之间的关系（North，1990；刘新恒等，2021；

Helfat et al., 2007；白云霞等, 2016）。在组织社会网络或社会场域方面，探讨了制度网络嵌入（Furnari et al., 2020；陈德球等, 2021）、网络多重极性（Rojas et al., 2018）、社会网络（严子淳等, 2021；Deng, 2017）等网络因素对企业战略的作用。在制度与创新创业方面，分析了制度对企业创新创业的影响（李加鹏等, 2020），具体表现为制度与社会创业（刘志阳等, 2022）、制度创业（王冬冬和段景伦, 2020）、制度与创业意向（张秀娥等, 2022；王钰等, 2021）、创业企业制度环境（雍旻等, 2021）等议题。

（2）国际化情境下制度理论研究

制度理论强调了制度环境对企业行为产生的影响，与产业观、资源基础观并称为新兴经济体国家对外投资研究的"战略三脚架"（Peng et al., 2008）。当前从国际化情境下探讨制度理论的研究主要从三个方面展开：母国制度、东道国制度和制度距离。在母国制度研究方面，主要观点为"制度逃逸论""制度促进论"（Witt & Lewin, 2007）。"制度逃逸论"指新兴经济体为避免母国制度缺陷，通过向发达国家投资，达到将经营活动转移至制度完善国家的目的（王泽宇等, 2019）；"制度促进论"指母国制度在对外投资中的积极作用（Cuervo-Cazurra et al., 2018）。在东道国制度研究方面，主要研究探讨了东道国制度对OFDI区位选择（赵云辉等, 2020）、企业国际化程度（赵奇伟和周莹, 2021）、海外经营（雷玮等, 2022）、海外并购（贾镜渝等, 2022）、创新绩效（吴崇等, 2022）、风险管理（左志刚和杨帆, 2020）的影响，以及制度距离影响新兴经济体创新追赶（肖宵等, 2021）、OFDI区位选择（姚辉斌和张亚斌, 2021）的具体机制。此外，已有研究还分析了面对制度逻辑冲突，跨国企业应对策略的制订（刘娟和杨勃, 2021）。

2.1.2 动态能力理论

（1）动态能力理论概述

动态能力理论最早于 1994 年由 Teece 等提出，他们认为在快速发展的时代背景下，新兴行业有别于以往的制造行业，具有迅捷的反应能力、协调能力和整合能力才能在复杂多变的市场竞争中胜出，而他们把这种综合能力称为"动态能力"。动态能力可以从两个方面描述，一是为应对周围环境动态变化的现象，即企业会根据外界的变化趋势恰当地选择应对战略；二是企业对自身已有资源和能力进行优化配置。随后，Teece 等（1997）又对动态能力进行了更加全面的诠释，认为动态能力包括了过程、位势和路径等三方面的内容，是一种能够应对激烈且复杂的市场竞争，同时将其内部资源和外部资源进行重组、建立和再配置的能力。

自 Teece 后，大量的学者展开了对动态能力理论的相关探讨，并大致形成了战略能力观、资源过程观和能力阶层观三大流派。战略能力观流派从组织行为的层面出发，认为企业动态能力就是企业为达到战略目标，在制订和执行相关经营策略的过程中所需的能力。相关研究多从动态能力与企业战略转型（陈衍泰等，2022）、战略导向（卢艳秋等，2021）、战略特征（刘晓昳等，2021）、商业模式（Pieroni et al.，2019）、竞争优势构建（肖龖等，2019）等角度阐述。资源过程观流派从组织行为维度与组织认知维度出发，以 Zollo 和 Winter（2002）为代表，将动态能力视为一个经验积累、知识提炼及知识认知的过程，并且发现学习与动态能力具有密切的相关性。现有研究探索了学习导向（Honig & Hopp，2019）、组织学习（Neubert，2018；卢启程等，2018）、知识搜寻（Grigoriou & Rothaermel，2017）等与动态能力之间的关联机制。能力阶层观流派以能力理论来解构动态能力，以 Teece（1997）为代表的学者将企业能力划分为三类：第一类是企业进行日常经营活动所需的基本能力（杨瑾等，2017；侯亚茹等，2021；叶一娇等，2020）；第二类是动态提升基本职能活动的能力（陈竹等，2018；崔永梅等，2020）；第三类是能够领先于竞争对手制订市场战略并顺应环境变化成功实施战略的战略洞察能力，以及获取、配置及开发资源的组织能力（Matarazzo et al.，2021）。

（2）国际化情境下动态能力理论研究

当前国际化情境下的动态能力研究主要分为两方面：一是国际化情境下动态能力构建；二是动态能力对企业国际化的作用。在国际化情境下动态能力构建方面，涉及自主创新能力（崔永梅等，2020）、资源整合能力（阎海燕等，2016）、跨国动态能力（杜健和周超，2018）、知识能力（赵文丽等，2022；Brennecke & Rank，2017）、国际创业能力（黄胜等，2015）等的构建机制。在动态能力对企业国际化的作用方面，涉及动态能力对国际化区位选择（叶广宇等，2015）、国际化绩效（杨丽丽等，2015）等企业国际化变量的直接影响，但更多的是动态能力在企业国际化研究中的中介作用机制，例如：动态能力在数字化转型与国际化广度（王墨林等，2022）、企业国际化与竞争优势（肖鹏等，2019）、技术互补与合法性效应（张化尧等，2018）、关系网络与国际化绩效（王增涛等，2016）、合法性聚焦与合法性阈值跨越（陈衍泰等，2021）等变量的内在关联机制中所起的中介作用。

2.1.3 信号理论

（1）信号理论概述

信号理论本质上是为了减少信息不对称性而提出的理论（Stiglitz，2000）。迈克尔·斯宾塞（Michael Spence，1973）以劳动力市场为研究对象提出的开创性研究认为，劳动力市场存在信息不对称的情况，表现为劳动力市场上雇主对求职者的素质缺乏完整的信息，因此，高素质求职者会利用高等学历这一信号将自己与低素质求职者区分开，从而进一步降低和雇主间所存在的信息不对称风险。这里的信息不对称侧重于两方中的一方相比另一方掌握着更全或者更好的信息。在此基础上，信号理论借鉴了经济学、金融学、社会学及认知心理学等学科的概念，获得了充分发展，并广泛应用于管理学研究（Connelly et al.，2011）。

按信号理论的关键组成要素分，管理学领域对信号理论的应用研究可从信号员、信号接收者、反馈、信号环境等方面展开阐述（Connelly et al.，2011）。在信号员方面，信号员分为个人（王瀚轮和蔡莉，2011；李善民等，2020）、产品（石静和朱庆华，2021；Doukas et al.，2014；齐托托等，2021）和企业（张程等，2021；Zerbin，2017）三个层面。在信号接收者方面，现有研究多探讨股东（林雁等，2020）、消费者（许泰然和伍青生，2020；Doukas et al.，2014）、投资者（傅祥斐等，2019）等利益相关者在面对企业发出信号时所做的反应。在反馈方面，许多研究发现了信号有效性的重要性（王宇和魏守华，

2016；Gupta et al.，1999；Higgins，2003）。在信号环境方面，主要研究聚焦于信号环境对信息不对称性的影响，如媒体报道对新闻稿中信号带来的潜在扭曲（Carter，2006）。也有学者针对信号传递过程中可能出现扭曲的现象，提出治理策略，例如：李肆（2020）提出从信号传递过程中的可信性、强烈性和清晰性，找寻破解环境政策执行偏差的方法。

（2）国际化情境下信号理论研究

国际化情境下信号理论相关研究可以分为两类。一是利用信号理论来解释跨国活动中的信息不对称问题。现有文献研究了提升行动可观察性（Giachetti et al.，2022）、增加信息透明度（Popli et al.，2021；Li et al.，2019）、明确海外进入时间（Fuentelsaz et al.，2020）、标准化招聘信号（Banks et al.，2019）、发展强大的信号环境（Taj，2016）、缩小社会距离（Livanis et al.，2016）、外派人员（Plourde et al.，2014）等措施对减少国际化过程中信息不对称性的作用。

二是将企业的跨国行为视为信号，研究利益相关者对这一信号的反应。母公司行为（Jiang et al.，2020）、企业声誉（Swoboda & Batton，2020；Swoboda et al.，2017）、信息披露行为（Hsueh，2019；Cho et al.，2015）、外国直接投资（Koska et al.，2018）、企业社会责任行为（Rathert，2016）作为信号，会影响东道国利益相关者的信息需求及信息传播和获取的模式（Jiang et al.，2020），为企业带来合法性（Rathert，2016），进而会影响跨国并购（薛求知和冯锋，2019）、跨国经营（Giachetti et al.，2022）等跨国活动。

2.2 文献回顾

2.2.1 企业海外形象相关研究

（1）企业海外形象内涵

企业形象的相关研究始于 20 世纪 50 年代，Newman（1953）最先将企业形象与人格进行类比，为企业形象的研究开创了先例。之后，Swanson（1957）从消费者的视角进一步解读了理想的企业形象。回顾以往文献，学者们对企业形象的内涵解读不尽相同，但大体上可以分为两类：第一类定义将企业形象视为个体对企业整体的感知（谢荣见和李小东，2017），认为企业形象是与企业有接触的群体或个体对该企业的整体印象（Gray & Smeltzer，1958；Harris，1958；程鹏飞和刘新梅，2011），而企业海外形象则是东道国利益相关者对跨国企业的整体感知，即企业在海外经营的过程中，东道国消费者、政府部门等利益相关者头脑中产生的对企业的总体印象（胡钰，2015）。第二类把企业利益相关者对企业的评价和态度融入企业形象（Nguyen，2006；李惠璠等，2012；Bernstein，1984）。

第一类定义体现了利益相关者对企业的主观认知，多产生于企业外部；而第二类定义建立在利益相关者与企业之间的互动之上，是企业内部战略和外部利益相关者交互的结果。学者们虽对企业形象的内涵解读不尽相同，但整体上总会围绕核心主体——消费者来进行阐释，并大多被定义为消费者对企业感觉、信念、经历、想法、印象和知识等相互作用的结果（Herstein et al.，2008；Minkiewicz，

2011；杨爱萍，2019）。因此，本研究认为，企业海外形象是企业在海外经营过程中，于海外消费者脑海中留下的整体印象和综合评价，是海外消费者基于长期消费体验所产生的对企业的态度。

（2）企业海外形象的维度

关于企业形象的维度，目前学界持两种观点。第一种观点认为企业形象包括功能性和情感性两个维度，功能性指可以评估和量化的可见属性，包括产品的价格、质量、设计、外观、性能等；情感性是一种心理属性，又称情感属性，是利益相关者对企业行为的一种心理反应（Martineau，1958）。第二种观点侧重于利益相关者的主观感知，主要应用于消费者相关研究（张珣等，2013；谢荣见和李小东，2017）。此外，企业形象还有少量的多维度研究（Brown & Dacin，1997；Martinez & Pina，2005；Aker，1996；Fombrum，2000；Tourky & Alwi，2020）。

目前学术界对企业形象的维度划分多参考 Martineau（1958）的研究，将其分为功能性和情感性两大类，但不同研究会进行适应性调整，以贴合研究情境和研究对象的要求。考虑到本研究依托于"走出去"的中国企业这一背景，企业海外形象的维度划分不仅需要兼顾企业业绩、企业品牌等方面的功能性因素，还要注重企业社会责任、媒介形象、消费者关怀、公共关系形象等代表社会形象的情感性因素。因此，本研究将二维度划分的企业海外形象扩展为三维度，即企业业绩形象、企业品牌形象和企业社会形象。

（3）企业海外形象的影响因素研究

企业形象的影响因素分为环境、企业和个人三个层次。在环境层面，Kennedy（1993）强调了"外部影响"对企业形象的作用，企业所处行业（Saeed et al.，2021）、企业 COO（首席运营官）形象（Balmer & Gray，2002）和竞争对手的行动（Kennedy，1993）会对企业形象产生影响。在企业层面，组织身份（Chernatony，1999）、组织沟通（Balmer & Gray，2000）、企业社会责任（Le，2022；Aledo et al.，2021；Streimikiene et al.，2021）、绿色营销策略（Mukonza & Swarts，2020）、环境管理认证（Heras‐Saizarbitoria et al.，2020）会正向影响企业形象。但是，战略联盟合作伙伴危机（Singh & Crisafulli，2020）会对企业形象产生负向影响。在个人层面，现有研究探讨了消费者忠诚度（Wang，2019）、消费者认知（Mamo et al.，2018）等因素对企业形象的正向影响，以及利益相关者参与（Solana & Caravaca-Garratón，2021）的消极作用。除此之外，有学者从过程角度，探讨了企业形象的具体形成模式，Williams 和 Moffitt（1997）认为企业形象是双重心理过程的结果，即生产过程和受众的印象形成过程，企业海外形象本质上是海外消费者对该企业产品或品牌的感知、判断和评价。海外消费者会基于其自身善用的思维模式及本身固有的先验知识，根据企业的组织合法性行动对企业的产品、服务或品牌进行能力、道德等方面的感知，通过信息生产和信息分享行为，进而决定对该企业采取何种反应（态度和行为）。

对于企业海外形象影响因素研究，现有研究认为跨国企业在进入国外市场时，树立积极的企业形象尤为重要。然而，新兴市场国家被定型为治理和问责制差、缺乏管理和全球经验、技术和创新能力弱（He & Zhang，2018；Luo & Tung，2007），这些制度缺陷使得新兴市场国家的企业和政治形象往往不佳。并且国家产品形象和情感国家形象等原产地效应（Zhang et al.，2019），以及外来者劣势（Ritvala et al.，2021）、认知结构或刻板印象（Diamantopoulos et al.，2017）、可持续性行为报告（Ike et al.，2021）也会影响企业海外形象。

2.2.2　组织合法性相关研究

（1）组织合法性的内涵

1958 年，马克斯·韦伯（Max Weber）率先提出"合法性（Legitimacy）"并对其定义进行深入全面的研究，他认为组织可以通过遵守社会规范和行政法律获得合法性，由此为合法性理论在组织行为领域的应用奠定了基础。Parsons（1960）继承性地提出合法性是组织与社会环境、价值观念、文化素质和法律法规的趋同程度。随后 Mayer 和 Scott（1985）突破了以往在制度和规范角度上研究组织合法性的研究方式，将研究拓展至一个重要角度，即认知角度，将合法性较为明确地定义为文化对组织的支持程度。

随着新制度主义的快速发展，合法性概念逐渐在组织研究领域被广泛运用，成为组织制度结构研究的核心和重点。Scott（1995）从制度理论的角度，认为合法性折射出组织是否匹配公众所接受的文化归属、法治性、社会规范性等；Deephouse（1996）从既得利益者角度，将组织合法性定义为既得利益者对组织的支持和认可的状态；Suchman（1995）从战略和制度角度，提出合法性是指单独个体或组织的行为在指定的社会规则、信仰及价值观念等构建的系统中，被认为是合适的普遍性感知或假定，可以满足社会一般性的期望与假定。国际商务领域学者对国际化情境下组织合法性定义也给出了诠释，Peng（2012）认为，对外直接投资合法性指企业对外直接投资行为是否符合东道国当地的制度要求。随着组织合法性相关研究的不断深入，Suddaby 等（2017）认为目前组织合法性的内涵研究大体可分为三类：第一类研究将组织合法性看作企业的一种资产，是企业所拥有的相关物质基础及资源与外部环境所规定的规范性期望间的契合程度（Hampel，2017；魏江等，2021）；第二类研究将组织合法性视为一个过程，主要探讨了企业为获得合法性所采取的一系列措施及行动（陈衍泰等，2021；郑小勇，2022）；第三类研究则将组织合法性视为受众的感知和评价，从组织利益相关者的角度探讨其对企业行为的感知和态度，并对企业行为是否符合组织合法性预期给予判断和评价（Gauthier & Kappen，2017；林晨雨等，2021）。

（2）组织合法性的维度

对于组织合法性的维度划分，DiMaggio 和 Powell（1983）展开了关于制度同形的讨论及其维度的划分，由此奠定了这方面的基础。之后国内外学者们对组织合法性的研究不断深入，从不同角度对组织合法性开展讨论，如表 2-1 所示。认知合法性、规范合法性和规制合法性是学术界普遍接受的关于组织合法性的分类标准（曾楚宏等，2009）。其中，认知性合法性是企业通过信息的传播与扩散途径所形成的利益相关者对企业的认知与理解；规范合法性是指企业的生产经营活动与行为准则受到社会中的信仰、价值观、社会规范等制度化的过程的影响；规制合法性是指企业必须遵守的政府出台的有关政策、法律、法规，各行各业的权威组织或者协会颁布的行为规范指导等。

表 2-1 组织合法性维度划分

	视角/作用	维度划分	代表学者
传统二维观	企业—环境	（1）外部合法性（External Legitimacy）	Singhetal
		（2）内部合法性（Internal Legitimacy）	（1986）
	制度—企业—环境	（1）社会政治合法性（Sociopolitical Legitimacy）	Aldrich & Fiol
		（2）认知合法性（Cognitive Legitimacy）	（1994）

续表

	视角/作用	维度划分	代表学者
三维观	效用—道德—认知	（1）实用合法性（Pragmatic Legitimacy） （2）道德合法性（Moral Legitimacy） （3）认知合法性（Cognitive Legitimacy）	Suchman（1995）
三维观	社会—企业	（1）规制合法性（Regulative Legitimacy） （2）规范合法性（Normative Legitimacy） （3）认知合法性（Cognitive Legitimacy）	Scott（1995）
四维观	社会—行业—企业视角（合法性是一种特殊资源）	（1）规制合法性（Regulative Legitimacy） （2）规范合法性（Normative Legitimacy） （3）认知合法性（Cognitive Legitimacy） （4）产业合法性（Industry Legitimacy）	Zimmerman & Zeitz（2002）
五维观	获取途径	（1）联盟合法性（Alliance Legitimacy） （2）历史合法性（Historical Legitimacy） （3）市场合法性（Market Legitimacy） （4）科学合法性（Scientific Legitimacy） （5）位置合法性（Locational Legitimacy）	Raoetal（2008）

注：根据文献汇总整理

（3）组织合法性的前因与结果研究

20世纪末，随着新制度主义的产生与发展，合法性作为新制度主义的核心思想与概念，揭示了制度因素对组织的结构与行为的影响，由此在组织行为与管理研究范畴得到大量应用。关于组织合法性的现有研究，聚焦于探讨组织合法性的前因研究和结果研究。

在前因研究方面，以制度视角、战略视角为主要研究视角（郭海等，2018）。在制度视角下，在利益相关者施加的压力下（Deephouse & Suchman，2008），企业为了获取合法性，会采用同构（Zimmerman & Zeitz，2002）、去耦化策略（DiMaggio & Powell，1983），或选择、控制和依从环境的策略（王志玮等，2018），以获得认可与资源支持。

在战略视角下，组织能够积极主动地通过适当的战略获取组织合法性，具体包括：构建政治关系（赵晶和孟维烜，2016）和网络关系（郭韬等，2021）、拼凑资源（彭伟等，2018）、建立组织声誉（杜运周等，2015）、建立领导风格（顾建平和王磊，2014）、组织学习（张化尧等，2020）等。

在结果研究方面，已有文献探讨了组织合法性对财务绩效、非财务绩效和综合绩效的影响。在财务绩效方面，组织合法性对企业资本价值（Deeds et al.，2004）、经济绩效（马力等，2018）具有积极作用。在非财务绩效方面，企业声誉（King & Whetten，2008）、创新绩效（魏泽龙和谷盟，2015）、组织绩效（邓新明等，2008）均受组织合法性的正向影响。在综合绩效方面，组织合法性会影响企业绩效（严卫群等，2019）、成长绩效（郑小勇和魏江，2016）、创业绩效（俞园园和梅强，2015）等。此外，组织合法性也会导致企业信息披露（李大元等，2016）等特定企业行为的形成。

最后，在国际化情境下，学者们探讨了企业国际化与组织合法性之间的关系。一部分学者用实证研究，探讨了国际化情境下社会资本（张红娟等，2015）、构建组织场域（王海芳等，2020）、组织身份落差（杨勃等，2016）等因素与组织合法性之间的关联机制。另一部分学者利用案例研究探究了国际化情境下组织合法性的作用机制，例如：汪涛等（2012）指出消费者通过判断来源国绩效形象和制度形象，考量产品的实用性和社会合理性，进而决定购买态度和行为；陈怀超和范建红（2014）从组织合法性视角出发，检验了国际化绩效受到制度距离与投资模式选择的影响；魏江和王诗翔（2016）研究了跨国企业针对合法性战略选择与母子公司形成不同的耦合结构模式，这种结构模式的动态变化有利于克服来源国劣势；

杨洋等（2017）提出企业可通过内外合法性需求的相对程度对境外研发单位的进入模式和治理结构进行合适的战略布局。

2.2.3　企业国际化相关研究

（1）企业国际化程度相关研究

20世纪70年代，学术界开始研究企业国际化程度并产生了多角度的内涵界定。总体来看，可以从三个视角进行研究：其一发展阶段视角。国际化程度是企业发展过程中通过投资与并购等方式逐步深入海外市场的程度，并且随着不规则出口（初期）、委托代理商出口（中期）、建立海外子公司（后期）等不同国际化阶段的深入而加强（Johanson & Vahlne，1997）。其二跨国经营视角。企业跨国界进入不同的市场所产生的研发、生产制造、销售、价值链攀升等各种经营活动和形式都是企业的国际化行为（Hitt & Kim，1997；McDougall & Oviatt，2000），这些行为的程度即为国际化程度；其三配置资源视角。企业在海外部署资源的程度反映了其国际化程度（Tallman et al.，1996）。

对于企业国际化程度的维度研究，Grant（1987）指出，对企业国际化程度的维度划分和衡量的重要依据是能够合理反映企业海内外业务的比较范围大小和重要度。由于全球企业的国际化行为千差万别，因此关于国际化程度的评估方法也存在诸多差异。常见的研究有以下几类：①单维度指标，早期研究将国际化程度看作一个综合的概念，仅采用企业海外销售收入占比（FRTR）、海外子公司数（NOS）等单维度指标来衡量企业的国际化程度（Grant，1987；Kim et al.，1993）；②二维度指标，国际化分为国际化深度与国际化广度，前者指的是企业针对某些特指市场的资源投入度，而后者是指企业扩展市场的范围大小（Hitt，2006；邓新明等，2014）；③多维度指标，主要研究有五要素模型（Daniel，1996）、国际化指数（TNI）、国际化蛛网模型（鲁桐，2000）等。综合以往研究，国际化程度的二维度划分方式最为常见。本研究认为企业国际化的本质就是在深度挖掘海外市场的同时，不断开发新的市场，扩大国际化范围的过程。也就是说，企业国际化程度加深的过程就是国际化深度和国际化广度不断提高的过程。因此，本研究将国际化程度划分为国际化深度和国际化广度两个维度。

对于企业国际化前因研究，现有文献从资源基础观、国际直接投资理论、制度理论及公司治理理论出发，提供了不同视角的企业国际化前因解释。基于资源基础观，CEO特征和国际背景（田海峰等，2021；Ramón-Llorens et al.，2017）、资源获取和投入（谭云清和翟森竞，2020；武志勇等，2020；范水清等，2017）、网络关系（Yildiz et al.，2021；周泽将等，2017）、地方化能力（杨婵等，2020）等因素会对企业国际化程度产生影响。基于国际直接投资理论，东道国区位要素（Moore et al.，2010）、环境要素（Estrin et al.，2016）会对企业国际化产生直接影响。基于制度理论，现有文献主要探讨了国家形象（贾玉成和张诚，2019）、拟人化沟通（冯文婷等，2022）、来源国劣势（杨勃和刘娟，2020）、制度空白（Adomako et al.，2019）等因素与企业国际化之间的关联机制。基于公司治理理论，企业国际化受到所有权异质性（Karaevli & Yurtoglu，2021）、会计信息质量（傅代国和杨景翔，2019）、高管团队注意力（董临萍和宋渊洋，2017）等因素的影响。

学术界在研究企业国际化前因的同时，也着眼于企业国际化的结果研究。主要研究多为探究企业国际化与企业绩效之间的关系，如企业国际化对企业价值（侯治平等，2021）、创新绩效（阚玉月和刘海兵，2020）、企业绩效（周立新，2019；Nguyen & Kim，2020）、企业生产率水平（Tsionas & Tzeremes，2021）等具有积极作用。也有学者从动态能力理论角度，探讨了企业国际化与竞争优势（肖鹏等，2019；Su et al.，2021）、企业创新能力（李东阳等，2019）之间的关系。还有学者从公司治理理论的角度，发现了企业国际化程度越高，企业母国社会责任脱耦程度越深（王益民和王友春，2022）、内部控制质量越高（王海林和王晓旭，2018）、公司治理属性越易改善（Popli et al.，2021）。

对于企业国际化与合法性之间的关系，已有文献多是将企业国际化作为研究情境，研究组织合法性获取问题。例如：张化尧等（2020）以企业国际化中的跨国联盟为研究对象，探讨组织学习与认知合法性获取之间的关系机制。较少研究将组织合法性和企业国际化直接关联，且研究中所提及的企业国际化并非国际化程度，而是企业国际化进程，例如：周劲波等（2014）认为正式合法性和非正式合法性在加快国际新创企业进入后的速度方面起互补作用；Rana 和 Srensen（2020）结合了规则接受和规则改变两个角度，揭示了跨国公司的战略努力在国际化中产生了重叠但不断提高的合法性水平——"接受"、"形象"、"认可"和"协同"。

（2）企业国际化动态能力相关研究

动态能力（Dynamic Capabilities）最早在 1994 年由 Teece 等提出，他们认为在快速发展的时代背景下，新兴行业有别于以往的制造行业，唯有具备迅捷的反应能力、协调能力和整合能力才能在复杂多变的市场竞争中胜出，这种综合能力被称为"动态能力"。Teece 等（1997）又对动态能力进行了更加全面的诠释，认为动态能力包括了过程、位势和路径三方面的内容，是一种能够应对激烈且复杂的市场竞争，同时将其内部资源和外部资源进行重组、建立和再配置的能力。之后，其他学者也从不同的视角出发来探索动态能力理论（Eisenhardt，2000；Zahra et al.，2010；Helfat et al.，2009；Zollo & Winter，2002）。学术界对于动态能力的定义尚未统一，但多数学者实际上沿用了 Teece 等（1994）对于动态能力概念的经典定义。然而，本研究所指的国际化动态能力不同于寻常的企业能力，是在动态能力的基础之上结合了企业的国际化需求，更多的是指跨国企业感知海外市场中的机遇和风险（吴先明，2019），并以此为依据在东道国内协调与整合内外部资源，重新构建跨国企业的管理模式、流程能力和组织架构等，更加积极地面对激烈竞争的国际市场的能力。

　　国外学者对动态能力的维度划分有两个倾向，一个是主张从行为维度扩展到组织认知维度，另一个是把动态能力视为企业完成具体的战略和组织过程的能力（冯军政和魏江，2011）。其中，第一个倾向的代表学者是 Teece（1994），他将动态能力划分成适应能力、整合能力和重构能力。第二个倾向的代表学者是 Helfat（1997），他认为动态能力是创造新的产品和流程的能力。其他学者的观点见表 2-2。目前，动态能力的维度划分尚未统一。考虑到国际化情境需求，并结合国际化动态能力概念的界定，本研究将国际化动态能力划分成三个维度，分别是环境感知能力（盛斌和杨丽丽，2014；杜俊义等，2017；王建军等，2017）、学习吸收能力（Wang & Ahemd，2007；王建军等，2017）和资源整合能力（Eisenhardt & Martin，2000；盛斌和杨丽丽，2014）。

表 2-2　动态能力维度划分

倾向	主要文献	主要维度划分
从行为维度扩展到组织认知维度	Teece & Pisano（1994）	适应能力、整合能力、重构能力
	Teece（2000 & 2007）	机会感知能力、机会利用和重构能力
	O'ReillyIII & Tushman（2008）	机会感知能力、机会利用和重构能力
	Wang & Ahemd（2007）	创新能力、吸收能力和适应能力
	Eisenhardt Martin（2000）	整合能力、重构能力、获取能力、释放能力
企业完成具体的战略和组织过程的能力	Helfat（1997）	创造新的产品和流程的能力
	Danneels（2002 & 2008）	营销能力、研发能力
	McKelvie Davidsson（2009）	创意、破坏市场、开发新产品与新流程的能力

注：根据文献汇总整理。

　　关于企业国际化动态能力的前因研究，现有文献多探讨特定类型的国际化动态能力的前因，以及在国际化背景下分析动态能力的前因。对于特定类型国际化动态能力的前因研究，知识能力在不同国际化阶段由于国际化目的、竞争环境不同而呈现出不同发展趋势（赵文丽等，2022）；组织结构有机性正向影响动态能力（汪涛等，2018）。对于国际化背景下动态能力的前因研究，组织结构有机性（汪涛等，2018）、企业国际化程度（肖鹏等，2019）、数字化转型（王墨林等，2022）、组织中层团队活动（Nonaka et al.，2016）对动态能力具有促进作用。

　　在企业国际化动态能力后果研究方面，大部分研究提出国际化动态能力具有积极作用，例如：国际化动态能力可通过影响国际扩张战略，进而影响企业绩效（杨丽丽等，2015）；动态能力可以促进海外研发（陈岩等，2015）；新兴市场跨国企业所具有的运营能力有利于其制订在发达国家市场的运营战略（Ping & Yang，2018）；跨国公司的初始创新能力与未来的国际多元化正相关（Sambharya & Lee，2014）；动态知识能力和子公司创新之间具有直接和非直接关系（Michailova & Zhan，2015）。也有学者提出企业拥有动态能力并不一定会产生更好的绩效结果，而是取决于动态能力配置的资源组合是否适应当时的内外部环境状况（Zahra et al.，2006）。

对于国际化动态能力与组织合法性之间的关系研究，组织合法性得以实现的微观基础是拥有动态能力（陈衍泰等，2021），Prange 和 Verdier（2011）提出了国际双元动态能力的概念，其中阈值能力的开发能够帮助跨国企业达到进入国外市场竞争、获取合法性的基准线，为其带来极大竞争优势。

（3）企业研发国际化相关研究

西方学者最早于 20 世纪 70 年代展开对研发国际化（R&D Internationalization）的相关研究。Ronstadt（1978）通过展开调查，发现美国跨国企业为了开发新的产品和工艺，把自身的先进技术转移到了海外研发机构，通过不断融入当地网络，使企业更好地适应东道国市场和环境，从而逐渐把企业优势扩大到全球市场。到了 20 世纪 80 年代，国与国之间的竞争变得日益激烈，跨国企业逐渐意识到了国际研发合作的重要性，便开始调整企业研发结构，不断加大海外研发投资。Cantwell（1999）将研发国际化定义为跨国企业的知识、人才、技术、资本等研发资源在全球范围内的跨境流动。综合现有研究，研发国际化是跨国企业改变以往仅在本国开展研发活动，将企业研发活动布局海外，以获取全球创新资源的过程（景劲松等，2003），它包括对东道国的直接投资、技术输出、设立研发中心和合作研发项目等形式（李健，2013）。

有关研发国际化的维度划分，现有研究针对不同情境提出了相应的分类方法，总结概括为以下两种：①单维度。早期研究从整体的角度出发，采用 0-1 变量，以企业是否参与研发国际化活动为条件来测量该变量（Hurtado-Torres et al.，2018）。②二维度。李梅和卢程（2019）将研发国际化划分成研发国际化广度、研发国际化深度，其中，研发国际化广度指跨国企业研发机构布局在国外的地域覆盖范围，研发国际化深度指企业的研发机构安排在海外的程度。基于以往研究，结合企业国际化的内涵，将企业研发国际化划分为研发国际化广度和研发国际化深度的方式较为全面地体现了企业研发的海外布局。因此，本研究参考李梅和卢程（2019）的研究将企业研发国际化划分为研发国际化广度和研发国际化深度。

在企业进行研发国际化相关前因方面，现有研究从研发国际化的直接前因、研发国际化区位选择前因展开研究。在研发国际化的直接前因方面，主要有市场驱动、资源获取、信息与政策、技术探索获得等四个方面的动因。在研发国际化区位选择前因方面，现有研究从企业层面的投资动机（杜德斌，2005），母国层面的研发能力和市场规模（Athukorala & Kohpaiboon，2010），东道国层面的制度质量（陈衍泰等，2016）、地区发展水平（Demirbag & Glaister，2010）、市场规模（喻世友，2004）等多个层面对企业研发国际化的区位选择展开了深入研究。

在研发国际化的产出方面，现有研究大多针对研发国际化对创新绩效的影响展开讨论，但并没有得出一致结论。总体来看，企业研发国际化对创新绩效的影响大致分为以下三类：基于组织学习、国际技术溢出等理论，研发国际化使得跨国企业在全球市场上获取了大量的创新资源及多样化的学习机会，提升了企业的创新能力，且东道国和母国会获得显著的技术溢出效应，所以研发国际化会对企业绩效产生正向促进作用（Iwasa & Odagiri，2004；李梅和余天骄，2016）。基于外来者劣势理论，企业在开展跨国研发时，会因为外来者劣势造成研发团队协调较为困难、沟通成本增加，导致企业知识溢出受到阻碍，因此研发国际化会负向影响创新绩效（Singh，2008）。基于企业研发国际化所处的不同时间段，以及基于不同的理论视角，一些学者发现研发国际化对创新绩效的作用无法用线性关系表示，它们之间的关系包括倒 U 形关系（Hurtado-Torres et al.，2018）、U 形关系（Hsu，2015）及 S 形关系（Chen 等，2012）。

2.3　研究述评

纵观已有文献，国内外学者对组织合法性、企业国际化、企业形象相关领域的研究十分丰富，为本研究的开展奠定了良好的理论基础。企业国际化程度相关研究主要从资源基础观、国际直接投资理论、制度理论及公司治理理论等角度对企业国际化程度的前因变量及后果因素进行了初步探讨，也注意到企业国际化程度与组织合法性之间存在一定关联，同时学者采用案例研究法探讨了国际化动态能力对组织合法性的影响。此外，研发国际化现象也引起了学界关注，国内外学者分别从研发国际化的投资动因、区位选择及其对企业绩效的作用等方面展开研究，重点强调了研发国际化对产品和技术创新的作用，侧重于研发国际化带来的有形效果。企业海外形象相关研究则主要利用实证研究法，从环境、企业和个体三个层面分析了行业环境、市场竞争、企业战略、消费者认知等因素对企业形象的影响，并从过程的角度探讨了企业形象的形成模式。进一步，学者探析了国际化情境下制度环境、外来者劣势等制度因素影响企业形象的具体机制。

但是，相关研究仍存在不足和值得深入探究的地方：一方面，现有研究尚未就"走出去"的中国企业国际化相关要素与组织合法性之间的关联展开深入研究。首先，已有研究多是在国际化情境下探究组织合法性的生成机制，并未直接探究国际化程度对组织合法性的影响，更未分析双元创新能力在其中的调节效应；其次，国际化动态能力虽有相关案例研究，但缺少具有普适化的实证研究，且尚未明确国际化动态能力的环境感知能力、学习吸收能力和资源整合能力三个维度是如何影响组织合法性的；最后，现有研究忽略了创新作为一种积极信号会对组织合法性获取产生影响，缺少从信号理论的角度，分析研发国际化所传递出的强创新信号对组织合法性的影响，且尚未探索国际化节奏和国际化速度等代表国际化进程的变量在其中的调节效应。

另一方面，现有研究尚未就组织合法性对中国企业海外形象的影响机理展开深入分析。首先，已有研究注意到制度因素对企业海外形象的影响，但较少将组织合法性与企业海外形象相关联；其次，个体层面的企业形象研究多探讨了消费者感知等因素的直接作用，并未分析组织合法性在其中的作用机理，也未将研究情境置于海外市场当中；最后，企业层面的企业海外形象研究忽视了管理者主导逻辑对制订组织合法性获取策略的驱动作用，更未分析上述机制影响企业海外形象形成的具体路径。

2.4 研究切入点

针对上述研究的不足，本研究融合制度理论、动态能力理论和信号理论，紧密围绕组织合法性对"走出去"的中国企业海外形象的影响展开研究，具体从如下两个相互关联又逐渐递进的方面切入：

（1）探究企业国际化程度、国际化动态能力和研发国际化对组织合法性的影响机制

首先，探讨国际化程度对组织合法性的影响机制，明确双元创新能力在其中的调节作用。其次，建构国际化动态能力与组织合法性之间的理论模型和关系假设，将国际化动态能力分解为环境感知能力、学习吸收能力和资源整合能力三个维度，厘清不同维度的国际化动态能力对组织合法性的影响并进行实证检验。最后，分析研发国际化作用于组织合法性的内在机制，并尝试利用国际化节奏和国际化速度对以上机制的边界条件进行讨论。

（2）明确组织合法性对中国企业海外形象的影响机理

首先，本研究采用案例企业扎根研究方法，从消费者和企业两种视角出发，全面且深入地挖掘组织合法性与中国企业海外形象之间的互动关系，厘清内在机理。其次，从消费者视角来看，分析组织合法性如何通过消费者感知的传递来影响中国企业海外形象，探索性地提出组织合法性影响中国企业海外形象的具体路径。最后，从企业视角来看，分析管理者主导逻辑驱动组织合法性形成的复杂过程，并进一步探索组织合法性与中国企业海外形象形成之间的关系。

第 3 章

出海远行：中国企业组织合法性获取的国际化探索

- 国际化程度：组织合法性获取的隐性资源
- 国际化动态能力：组织合法性获取的微观基础
- 研发国际化：组织合法性获取的动力源泉

伴随"走出去"的中国企业市场份额的快速增长，2021 年《财富》世界 500 强排行榜中的中国企业数量再次超过美国，实现了历史性跨越（《财富》，2022）。与此同时，国际环境变幻莫测，贸易保护主义抬头及制度壁垒压制重现，"走出去"的中国企业承受着前所未有的组织合法性压力，所以，探寻企业国际化进程中影响组织合法性获取的关键要素及其作用机理至关重要。故本章在梳理理论逻辑、深入了解企业现实的基础上，探索"走出去"的中国企业国际化相关要素与组织合法性之间的关系，实证分析中国企业国际化进程中影响组织合法性获取的关键前因，具体包括企业国际化程度、国际化动态能力及研发国际化等国际化变量，此外，验证了双元创新能力、制度距离、国际化速度及国际化节奏等变量的调节作用。基于此，本章采用 3 个子研究分别回答"国际化程度是否对组织合法性产生影响及如何影响"、"国际化动态能力影响组织合法性获取的内在机制是什么"，以及"研发国际化会不会向利益相关者传递出不一样的信号，从而对组织合法性产生影响"等关键问题。

3.1 国际化程度：组织合法性获取的隐性资源

3.1.1 问题提出

尽管已有关于国际化程度与组织合法性的研究表明，企业国际化程度对组织合法性有可能存在不同的影响关系，但学界一致认同国际化在提升"走出去"的中国企业的竞争优势和价值等方面起到积极推动作用。然而合法性缺失是企业国际化过程中普遍存在的问题（程聪，2017），获取和维持组织合法性不仅能够加强与海外市场的互动，提升各种企业能力，还能够有效整合与优化配置海外资源，提升企业的经营绩效和国际化绩效（王增涛，2016），从而加快企业"走出去"的进程。一部分学者尝试从国际化策略、制度距离、文化差异、组织冲突等视角来解释"走出去"的中国企业面临的这种制度问题（Hillman，2005），另一部分学者则聚焦不同情境下"走出去"的中国企业国际化活动中的组织合法性获取问题（Vaara，2006）。虽然已有研究已有初步概念化的研究成果，但大多将组织合法性作为影响企业绩效的一种外在调节因素，鲜有文献将组织合法性作为被解释变量，去探讨影响"走出去"的中国企业取得组织合法性的前因变量，此外，还缺乏丰富的实证检验及对不同变量、不同维度的进一步研究。

"走出去"的中国企业的国际化经营不论是从理论角度还是现实角度都是值得研究的问题，这中间的传导机制与情境因素更需要不断深挖和探寻。针对现有研究的不足，本节研究基于制度理论、资源基础理论等，提出"国际化程度—组织合法性"及"双元创新能力"调节国际化程度与组织合法性之间关系的理论逻辑，主要围绕以下两个问题进行研究：

第一，国际化程度是否对组织合法性产生影响及如何影响？哪些国际化策略会影响组织合法性的获取？这些国际化策略在方向和程度上是如何影响组织合法性的？

第二，"走出去"的中国企业是否会因为拥有不同模式的创新能力，而对国际化程度与组织合法性的关系产生差异性的影响？

综上所述，本节研究将首先探究国际化程度对组织合法性的直接影响，接着结合"走出去"的中国企业不同的创新能力寻找不同国际化策略下组织合法性的获取途径，以此思维路径开展实证研究并探讨在此机制下"走出去"的中国企业组织合法性的获取。

3.1.2　理论分析与假设提出

（1）国际化程度与组织合法性

组织合法性作为组织社会学研究领域中的重要概念，近年来在企业国际化研究中备受关注。组织合法性是在共享的市场环境下，对企业的行为方式是否正当并且符合利益相关者期望的一般性定义（Parsons T，1960）。"走出去"的中国企业的合法性既包括法律法规的约束，又包括行动标准、信念和习俗等文化层面的约束（张春雨，2018），它是企业迫切需要获取的一种战略性资源，能够帮助企业接近和获取诸如资金、人力、技术、市场等外部资源。"走出去"的中国企业通过利用自身的主观能动性，实施相应的组织战略来影响甚至改变原有的外部环境，即通过追求组织合法性获得利益相关者对企业行动符合预期的认可，以及对企业声明与承诺的信任（曾楚宏，2008）。由于在利益相关者眼中高组织合法性比低组织合法性更值得认同与相信，并有更大的发展空间与投资价值，因此组织合法性的高低决定了"走出去"的中国企业能否获得足够的来自利益相关者的情感、物质、行动等方面的外部支持（苏晓华，2015），进而获得有益于生存和发展所需要的各种资源。

"走出去"的中国企业在海外市场中的深度策略与广度策略都在不同程度上提升了其在海外市场经营的合法性（Newberry W，2001）。"走出去"的中国企业可以通过融入目标国家的制度、文化和市场体系提高自身的组织合法性。一方面，"走出去"的中国企业可以采取国际化深度策略扎根于某些特定海外市场，专注于在该市场的发展，增加对当地的理解，熟悉当地的法律法规，使内外部利益相关者接纳并支持该企业，从而有效促进企业在目标国家生存所必需的其他有用资源的流入，进而提升企业在海外市场的竞争优势和经营绩效；另一方面，"走出去"的中国企业可以扩大在海外市场经营的范围来实施国际化广度策略，使更多来自不同国家和地区、不同文化和习俗的利益相关者了解、认同并支持该企业的发展，从而有效整合来自全球更大范围的信息和资源，促进企业内部资源的流动和利用，进一步提升企业在全球市场中的竞争地位和价值。故推断，国际化深度促进了"走出去"的中国企业在东道国进行市场稳固与同质性资源的获取，国际化广度推动了"走出去"的中国企业进行海外市场拓展与异质性资源的获取，这两个维度在不同方面促进了企业在海外发展中的组织合法性获取。

基于以上分析，本节研究提出假设：

H1a：国际化深度对组织合法性产生显著的正向影响。

H1b：国际化广度对组织合法性产生显著的正向影响。

（2）双元创新能力的调节作用

企业获取组织合法性方法主要分为两大类：一是改变外部环境，通过利用信息、资金、知识等资源开展营销等一系列战略活动，推动或创造外部环境向有利于自身的成长趋同，达到获取企业合法性的目的；二是改变自身情况，通过提升企业营销、创新等能力，重塑更为适应制度环境的企业组织结构、管理模式、文化理念等，对标行业领先企业，践行企业社会责任，使企业行为被社会公众广泛接受，从而不断提升组织合法性（苏晓华，2011）。对于"走出去"的中国企业来说，第一类方法属于企业国际化进程中的策略选择，而提升企业创新能力则属于第二类方法。

企业创新能力是企业互动和深化内部知识、吸收和应用外部知识的一种持续竞争优势，"走出去"的中国企业要想在海外生存发展并在行业中占据优势地位，就需要通过创新能力进行自我优化和升级。已有研究发现，在国际化过程中，企业拥有较强创新能力能够极大降低经营环境的不确定性，减少企业经营的风险（Petersen B，2002）。学者们通过对创新能力的双元模式研究，认为创新能力可以分为利用式创新能力和探索式创新能力两个基本类型，其中利用式创新能力与强化、选择、实施等能力相关，侧重于在已有的轨道上继续创新的能力；而探索式创新能力与研究、变化、突破等能力相关，从不同轨道上探寻以前从未出现的创新的能力。

利用式创新能力强调对现有知识的精练，企业通过国际化深度策略并利用位置接近的优势更易于获得某些市场的冗余资源（齐昕，2018），而国际化广度策略作为一个转移创造和整合运用特定资源的方式，为企业利用全球范围内的隐性资源提供了关键信息与优势（Li et al.，2017），而这些资源的获取和利用都可以提升企业的被接受度，进而有利于"走出去"的中国企业组织合法性的获取。探索式创新能力强调创造新知识的能力，企业可以利用国际化经验，通过国际化深度策略，广泛搜索当地的知识和互补资源（吴航，2016），并在熟悉和获得当地已有资源的基础上创造出新的资源优势，得到当地市场的认可和拥护，获取企业在当地市场的组织合法性（张化尧，2018）。国际化广度策略则是企业国际化的跳板，探索式创新能力注重从全球市场中探索新机遇（Luo Y，2007），"走出去"的中国企业通过横向拓展市场能够弥补发达国家企业与新兴经济体企业之间的知识势差，能够获取多样的、丰富的资源，并进一步将资源转化为企业的合法性和收益。

基于以上分析，本节研究提出假设：

H2a：利用式创新能力对国际化深度与组织合法性存在正向调节作用。

H2b：利用式创新能力对国际化广度与组织合法性存在正向调节作用。

H2c：探索式创新能力对国际化深度与组织合法性存在正向调节作用。

H2d：探索式创新能力对国际化广度与组织合法性存在正向调节作用。

基于以上分析，在企业国际化的背景下，"走出去"的中国企业可以通过选择合适的国际化策略获取企业发展的关键性信息与资源，进而提升企业竞争优势与经营利益。因此，本节研究通过探讨国际化程度影响组织合法性的路径和机理，提出了"国际化程度—组织合法性"及"双元创新能力"调节效应的理论逻辑与研究假设。其一，同时关注了国际化深度和国际化广度两个视角，分别探究国际化程度对组织合法性的直接作用关系；其二，将两类不同的创新能力作为情境因素，分别研究其对国际化程度与组织合法性关系的调节效应。由此，笔者根据研究假设构建了理论模型，如图3-1所示。

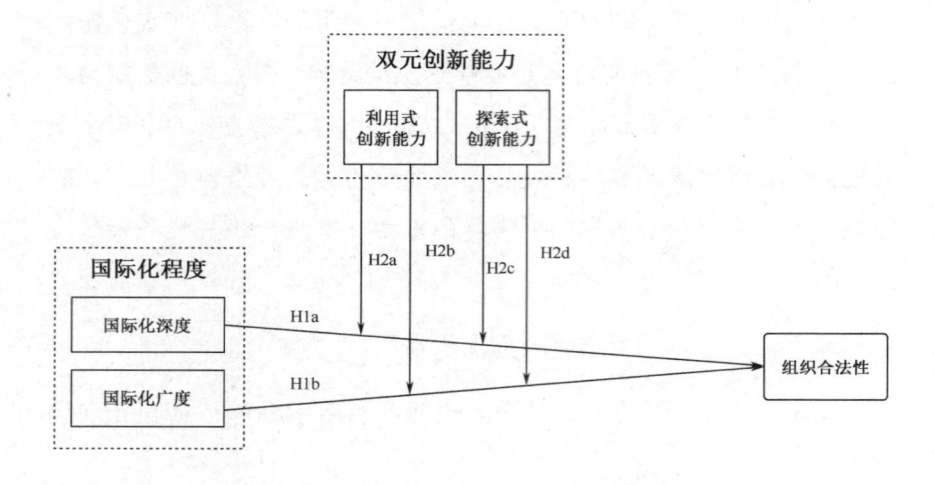

图 3-1　理论模型

3.1.3　研究设计

本节根据上文所述设计实证研究方案。首先确定研究样本选取方法及对应的数据来源，接着介绍被解释变量、解释变量、调节变量及控制变量的测量方法，最后简述回归模型的构建、选择及检验方法。

（1）样本选取与数据来源

为了保证样本的数量与质量，有效提高估计的准确性且同时避免多重共线性的发生，子研究1采用面板数据进行分析。

考虑到本节研究的国际化背景，经过多次样本的筛选及数据可得性的对比，最终将样本企业的行业来源设定为高技术行业。行业认证标准源于国家统计局颁布的《高技术产业（制造业）分类》及高技术认定机构编制的原则，确定如下行业的企业为高技术企业：医药制造业、航空航天器及设备制造业、电子及通信设备制造业、计算机及办公设备制造业、医疗仪器设备及仪器仪表制造业、信息化学品制造业共六类行业。

并且为了最大限度地实现数据的准确性、有效性和完备性，使实证结果更具有代表性，本节研究参考主流文献的做法，充分考虑上市企业经营情况的稳定性，对样本企业进行严格筛选并按照标准剔除异常企业：

① 银行、证券、保险等金融类资金流动性大、干扰项多、受管制的企业；

② 在不同股同时发行及在海外市场发行的企业；

③ 有过ST和*ST等经营较差的企业；

④ 存在缺失数据、极端数据的企业。

本节研究所涉及的上市企业财务数据主要从权威数据库——万得数据库（Wind）中收集得到，并且通过查阅上市公司年度报告手工整理补齐缺失数据，同时为了使样本数据具有较高的精准度，借助新浪财经网、网易财经网、巨潮资讯网等专业网站所提供的上市公司年报信息进行了数据对比；色诺芬经济金融数据库（CCER）中的子数据库提供了专利数据；媒体信息数据主要源于国际最大的新闻搜索平台之一——谷歌搜索引擎。最终获得 121 家在我国沪深两市上市的高技术企业，从 2013 年至 2017 年，合计 5 年共计 605 个观测值的面板数据。

（2）变量测量

① 被解释变量

本节研究的被解释变量为组织合法性（OL）。以往研究在衡量组织合法性时多采用问卷调查的方法，为了使数据更加客观真实地反映"走出去"的中国企业在国际上的组织合法性，本节研究采用媒体覆盖的方法来测量。目前用二手数据统计组织合法性较常见的方法被称为媒体覆盖法（李大元，2016）。本阶段研究聚焦企业国际化的研究模式，参考 Kuo 和 Chen（2013）等的测量办法，采用媒体覆盖水平来反映企业的组织合法性的情况。随着互联网逐渐成为人们获取信息的主要来源，信息传播方式正在由传统报纸媒体向网络媒体转型，因此本节研究采用覆盖率更广的网络媒体作为测量媒体覆盖水平的来源。

由于本节研究的核心问题是"走出去"的中国企业在国际上的组织合法性，故而选择了全球最大的搜索引擎之一——谷歌搜索引擎这一权威的网络媒体进行测量。具体做法是：（a）在谷歌搜索引擎的搜索界面，以企业名称（中、英文全称及缩写）为关键词，精确检索当年的新闻媒体报道；（b）对获取到的企业新闻媒体报道进行内容分析，并对其进行分类编码（积极的、消极的、中立的），为了保证统计的可靠性与有效性，本节研究对新闻报道的倾向性先由笔者进行评价，然后由另一个评价者进行二次评价，对于存在差异评价的报道则加入第三个评价者协调讨论得出最终结果；（c）由于"走出去"的中国企业处在其不熟悉的海外市场中，所以中立报道发挥了让利益相关者更加了解企业的作用，因此根据量表的特征，本节研究对每条正面新闻报道记 2 分，中立新闻报道记 1 分，负面新闻报道记 0 分，并由此加总得到组织合法性的测量结果。

② 解释变量

本节研究的解释变量为国际化程度。企业国际化的本质就是在深度挖掘海外市场的同时，不断开发新的市场，扩大国际化范围的过程。Laursen 和 Salter（2004）等学者提出，国际化深度（Depth）与国际化广度（Breadth）应该被同时纳入测量国际化的程度之中。因此，本节研究采用上市公司年报中披露的财务数据来测量国际化程度这一解释变量。具体来说，本节采用海外营业收入占比来测量国际化深度，具体计算方法是用当年海外营业收入除以总收入；采用海外控股及参股企业总数 NOS 来测量国际化广度。

③ 调节变量

本节研究的调节变量为双元创新能力。根据前文所述，学者们最早提出的关于双元创新能力的划分标准，将其分为利用式创新能力（EI）和探索式创新能力（ER）两个维度。

参照 Ahuja 和 Lampert（2001）、徐露允（2017）等学者的做法，本节研究采用国际上通用的专利分类号的前 4 位小类口径来表示不同的专利归属类别，同时由于发明专利所带来的影响具有时间效应，因此已设定窗口期为 5 年。其中利用式创新能力采用 5 年内 IPC 号中重复出现的专利个数来计数，而探索式创新能力则用 5 年内没有重复出现的专利个数来计数。

④ 控制变量

为了控制一些重要外生变量的潜在影响，增强研究的科学性、有效性，本节研究在参考以往研究成果的基础上，选取了以下八个控制变量。

企业年龄（Age）：采用企业首次注册（成立）日期至统计当年所经历的年数来衡量。

资本结构（Lev）：采用期末资产总额中期末负债总额的占比来衡量。

盈利能力（Ros）：采用期末营业收入中期末净利润的比值来衡量。

国际化经验（Exp）：采用统计当年年份减去企业国际化的起步年份的数值来表示。

年度（Year）：为了控制年度变化对本节研究结论的影响，以2012年为基准年，设置年度虚拟变量 Year2013、Year2014、Year2015、Year2016、Year2017。

企业规模（Size）：通过对企业期末的总资产值取对数来衡量。

行业类型（Ind）：本节研究对样本企业所属的行业进行1-6编码。

所有权性质（Sta）：这次研究依据股权性质的分类对企业属性进行划分，设置虚拟变量，主要有国有及国有控股企业和非国有及非国有控股企业，若是企业的所有权性质属于国有及国有控股企业则取1，否则取0。

(3) 回归模型构建

由假设 1 设计模型（3-1）～（3-4）如下：

$$\text{OL}_{it} = \alpha_0 + \alpha_1 \sum \text{Controls}_{it} + \varepsilon_{it} \quad (3\text{-}1)$$

$$\text{OL}_{it} = \alpha_0 + \alpha_1 \text{Depth}_{it} + \alpha_2 \sum \text{Controls}_{it} + \varepsilon_{it} \quad (3\text{-}2)$$

$$\text{OL}_{it} = \alpha_0 + \alpha_1 \text{Breadth}_{it} + \alpha_2 \sum \text{Controls}_{it} + \varepsilon_{it} \quad (3\text{-}3)$$

$$\text{OL}_{it} = \alpha_0 + \alpha_1 \text{Depth}_{it} + \alpha_2 \text{Breadth}_{it} + \alpha_3 \sum \text{Controls}_{it} + \varepsilon_{it} \quad (3\text{-}4)$$

由假设 2 设计模型（3-5）～（3-8）如下：

$$\begin{aligned}\text{OL}_{it} =\ & \alpha_0 + \alpha_1 \text{Depth}_{it} + \alpha_2 \text{EI}_{it} + \alpha_3 \text{Depth}_{it} \times \text{EI}_{it} + \\ & \alpha_4 \sum \text{Controls}_{it} + \varepsilon_{it}\end{aligned} \quad (3\text{-}5)$$

$$\begin{aligned}\text{OL}_{it} =\ & \alpha_0 + \alpha_1 \text{Breadth}_{it} + \alpha_2 \text{EI}_{it} + \alpha_3 \text{Breadth}_{it} \times \text{EI}_{it} + \\ & \alpha_4 \sum \text{Controls}_{it} + \varepsilon_{it}\end{aligned} \quad (3\text{-}6)$$

$$\begin{aligned}\text{OL}_{it} =\ & \alpha_0 + \alpha_1 \text{Depth}_{it} + \alpha_2 \text{ER}_{it} + \alpha_3 \text{Depth}_{it} \times \text{ER}_{it} + \\ & \alpha_4 \sum \text{Controls}_{it} + \varepsilon_{it}\end{aligned} \quad (3\text{-}7)$$

$$\begin{aligned}\text{OL}_{it} =\ & \alpha_0 + \alpha_1 \text{Breadth}_{it} + \alpha_2 \text{ER}_{it} + \alpha_3 \text{Breadth}_{it} \times \text{ER}_{it} + \\ & \alpha_4 \sum \text{Controls}_{it} + \varepsilon_{it}\end{aligned} \quad (3\text{-}8)$$

其中，i 代表第 i 个样本，t 代表第 t 个年度，Depth_{it} 为第 i 个企业第 t 年的国际化深度，Breadth_{it} 为第 i 个企业第 t 年的国际化广度，OL_{it} 为第 i 个企业第 t 年的组织合法性，EI_{it} 为第 i 个企业第 t 年的利用式创新能力，ER_{it} 为第 i 个企业第 t 年的探索式创新能力，$\sum \text{Controls}_{it}$ 为第 i 个企业第 t 年的企业年龄（Age_{it}）、资本结构（Lev_{it}）、盈利能力（Ros_{it}）、国际化经验（Exp_{it}）、企业规模（Size_{it}）、年度（Year_{it}）、行业类型（Ind_{it}）和所有权性质（Sta_{it}），α_0、α_1、α_2、α_3、α_4 为各变量的回归系数，ε_{it} 为模型的残差项。

3.1.4 数据分析与模型验证

在上述的研究假设和模型及样本选取、变量测量的基础上，本节通过使用Stata15.0统计软件对样本企业的实证数据进行统计分析及假设检验。同时在1%和99%分位数上对连续变量进行Winsorize缩尾处理以消除极端值的影响。

（1）数据的描述性统计

首先从样本的观测值、均值、标准差、极小值和极大值等五个方面进行各个变量的描述性统计分析，为下一步研究提供参考。统计结果如表3-1所示。

表3-1 样本描述性统计分析

变量	观测值	均值	标准差	极小值	极大值
国际化深度（Depth）	605	0.3279	0.2487	0.0015	0.9533
国际化广度（Breadth）	605	4.5669	4.7432	1	28
组织合法性（OL）	605	48.5058	32.0607	5	138
利用式创新能力（EI）	605	127.8418	141.1987	2	493
探索式创新能力（ER）	605	44.1455	45.3688	0	172
企业年龄（Age）	605	16.2942	4.8216	7	31
资本结构（Lev）	605	37.5495	17.5994	5.4152	73.2524
盈利能力（Ros）	605	10.7289	7.4200	0.6790	34.5419
国际化经验（Exp）	605	9.1601	3.0376	1	19
企业规模（Size）	605	13.1621	1.1957	11.0958	16.5899
行业类型（Ind）	605	3.4876	1.6930	1	6
所有权性质（Sta）	605	0.2678	0.4414	0	1

从自变量的两个维度来看，国际化深度的标准差 0.2487 明显小于国际化广度的标准差 4.7432，说明样本的国际化广度的波动明显大于国际化深度；组织合法性的极小值为 5，极大值为 138，均值为 48.5058，标准差为 32.0607，说明组织合法性的获取情况在企业个体维度和年份时间维度上有所差异；双元创新能力也分为两个维度，利用式创新能力的极小值为 2，极大值为 493，均值为 127.8418，标准差为 141.1987，探索式创新能力的极小值为 0，极大值为 172，均值为 44.1455，标准差为 45.3688，表明不同企业不同年份的双元创新能力均有较大的差异，并且企业的探索式创新能力的各项指标均小于利用式创新能力，说明后者比前者更难获得提升。

表 3-2 为 121 个高技术企业的行业分布情况汇总。可以看出，高技术行业六个细分行业类目企业的数量占比分别为 15.70%、14.88%、25.62%、9.92%、16.53% 和 17.36%。由此表明样本企业的行业分布呈现出比较均匀的特征，表明样本的筛选比较合理。

表 3-2 样本企业行业分布情况

行业名称（Ind）	样本企业数（个）	比例
医药制造业	19	15.70%
航空航天器及设备制造业	18	14.88%
电子及通信设备制造业	31	25.62%
计算机及办公设备制造业	12	9.92%
医疗仪器设备及仪器仪表制造业	20	16.53%
信息化学品制造业	21	17.36%
合计	121	100.00%

表 3-3 为 121 个高技术企业的企业年龄分布情况汇总。可以看出，样本企业的年龄在 11～15 年及 26～30 年的比例分别为 11.57%

和9.09%，大部分的企业年龄都集中在16～25年，其中经营年龄在16～20年的样本企业占到了总样本的50.41%，说明我国高技术企业发展较为悠久，具有一定的历史积淀与发展优势。

表3-3 样本企业年龄分布情况

企业年龄（Age）	样本企业数（个）	比例
11～15年	14	11.57%
16～20年	61	50.41%
21～25年	31	25.62%
26～30年	11	9.09%
31年及以上	4	3.31%
合计	121	100.00%

由表3-4所示的121个高技术企业的所有权性质划分情况汇总来看，所有权属于国有及国有控股性质的企业比例为26.45%，而所有权属于非国有及非国有控股性质的企业比例为73.55%，说明我国高技术企业的所有权性质以非国有及非国有控股为主，这些企业在高技术企业中具有重要的地位。

表3-4 样本企业所有权性质划分情况

所有权性质（Sta）	样本企业数（个）	比例
国有及国有控股企业	32	26.45%
非国有及非国有控股企业	89	73.55%
合计	121	100.00%

表3-5为121个高技术企业的国际化经验占比情况汇总。可以看出具有11～15年国际化经验的"走出去"的中国企业数目最多，有70个企业，占样本总数的57.85%，具有6～10年国际化经验的

"走出去"的中国企业比例为 25.62%，具有 16 年及以上国际化经验的"走出去"的中国企业比例为 16.53%，数据表明我国大多数高技术"走出去"的中国企业的国际化经验还不够多，其国际化进程还处于发展的初级阶段。

表 3-5　样本企业国际化经验占比情况

国际化经验（Exp）	样本企业数（个）	比例
6～10 年	31	25.62%
11～15 年	70	57.85%
16 年及以上	20	16.53%
合计	121	100.00%

（2）相关性分析

本节研究对所有变量进行了 Pearson 相关性分析，如表 3-6 所示。结果显示：国际化深度与国际化广度均在 1% 的水平上与组织合法性呈显著正相关关系，相关系数分别为 0.168 和 0.383；利用式创新能力和探索式创新能力也均在 1% 的水平上与组织合法性正相关，相关系数分别为 0.191 和 0.365。由此看出，国际化程度的两个维度（国际化深度和国际化广度）与组织合法性之间存在部分显著的正相关关系，为本节研究提供了初步的证据；双元创新能力的两个维度（利用式创新能力和探索式创新能力）与组织合法性也呈正相关，说明双元创新能力对组织合法性有一定的积极影响，但对于在国际化程度与组织合法性之间的调节作用还有待于下一步验证。

另外，本节研究结合所有关键变量之间的相关系数绝对值均小于 0.5 的特点，继续进行多重共线性诊断，来进一步验证研究模型是否存在多重共线性的问题。通过观察各变量的方差膨胀因子与容忍度的极值和均值可以看出,模型中所有变量的方差膨胀因子(VIF)均值为 1.53,最大值为 2.54(小于 10),容忍度均值为 0.6893,最小值为 0.3942(大于 0.1),由此说明变量之间不存在多重共线性的问题,如表 3-7 所示。

表 3-6　Pearson 相关性分析结果

	OL	Depth	Breadth	EI	ER	Age	Lev	Ros	Exp	Size	Year	Ind	Sta
OL	1.000												
Depth	-0.056	1.000											
Breadth	0.252***	0.142***	1.000										
EI	0.059	0.039	0.239***	1.000									
ER	-0.018	0.149***	0.262***	0.231***	1.000								
Age	-0.085***	-0.035	0.204***	0.094***	0.178***	1.000							
Lev	-0.157***	-0.061	0.237***	0.108***	0.128***	0.164***	1.000						
Ros	0.498***	-0.093***	0.094***	0.014	-0.050	-0.069***	-0.341***	1.000					
Exp	-0.108***	-0.013	0.135***	0.118***	0.104***	0.443***	0.265***	-0.120***	1.000				
Size	0.008	-0.120***	0.407***	0.169***	0.128***	0.225***	0.611***	0.032	0.405***	1.000			
Year	-0.024	-0.019	0.121***	0.027	0.064	0.287***	0.044	0.025	0.466***	0.219***	1.000		
Ind	-0.016	0.014	-0.039	0.012	0.016	0.049	0.124***	-0.093***	-0.074***	-0.081	0.000	1.000	
Sta	-0.046	-0.232***	0.075***	0.123***	0.117***	0.170***	0.385***	-0.182***	0.271***	0.383***	0.000	-0.117***	1.000

注:*P<0.1;**P<0.05;***P<0.01(双尾检验)。

表 3-7　变量多重共线性诊断

变量	方差膨胀因子(VIF)	容忍度(1/VIF)
企业规模(Size)	2.54	0.3942
资本结构(Lev)	2.15	0.4661
国际化经验(Exp)	1.79	0.5573
组织合法性(OL)	1.69	0.5916
所有权性质(Sta)	1.49	0.6724
年度(Year)	1.47	0.6809
国际化广度(Breadth)	1.44	0.6933
盈利能力(Ros)	1.35	0.7400
企业年龄(Age)	1.34	0.7484

续表

变量	方差膨胀因子（VIF）	容忍度（1/VIF）
探索式创新能力（ER）	1.26	0.7931
国际化深度（Depth）	1.22	0.8194
利用式创新能力（EI）	1.12	0.8953
行业类型（Ind）	1.10	0.9092
均值	1.53	0.6893

（3）多元线性回归分析

通过 F 检验，模型拒绝"模型中横截面不存在个体效应，选择混合效应模型"的原假设，因此选择固定效应回归模型。检验结果如表 3-8 所示。

表 3-8　F 检验结果

Test	Number of Obs	Number of groups	Chi-Sq.Statistic	Prob
F 检验	605	121	4.72	0.00

通过 Hausman 检验，模型拒绝"模型中的回归变量与个体效应无相关关系，选择随机效应模型"的原假设，因此选择固定效应回归模型。检验结果如表 3-9 所示。

表 3-9　Hausman 检验结果

Test	Number of Obs	Number of groups	Chi-Sq.Statistic	Prob
Hausman 检验	605	121	4.72	0.00

以上检验结果均指向选择固定效应模型更适合本节的研究，而为了在传统固定效应模型的个体效应上进一步降低时间效应对估计

偏误的影响，本节研究选取了兼具时间固定效应与个体固定效应的双向固定效应模型（Two-way Fixed Effects Model）进行估计。同时，为了消除样本中可能存在的异方差和自相关的影响，本节研究采用异方差-稳健标准误（Heteroskedasticity-Robust Standard Error）来计算 t 统计量。

① 国际化程度与组织合法性

本部分运用模型 1~4 来检验假设 H1a 和假设 H1b 中国际化程度与组织合法性之间的关系。检验结果如表 3-10 所示。

表 3-10　国际化程度与组织合法性回归分析

变量	组织合法性			
	模型 1	模型 2	模型 3	模型 4
国际化深度		28.4079***		26.4581**
国际化广度			1.1099***	1.0615***
企业年龄	-2.7692	-3.1356	-4.8588	-5.1089
资本结构	0.2062*	0.2204*	0.1513	0.1668
盈利能力	0.0335	0.0516	0.0479	0.0640
国际化经验	7.6171**	8.0187**	9.6835***	9.9675***
企业规模	4.9686	5.2200	2.8787	3.1852
年度	Yes	Yes	Yes	Yes
行业类型	Yes	Yes	Yes	Yes
所有权性质	Yes	Yes	Yes	Yes
cons	-49.3092	-60.0858	-9.6794	-21.4446
N	605	605	605	605
# of firms	121	121	121	121
Adj R-squared	0.3998	0.4181	0.4279	0.4437
F-Statistics	16.01***	15.99***	14.38***	14.26***

注：*P<0.1；**P<0.05；***P<0.01（双尾检验）。

模型 1 是企业年龄、资本结构、盈利能力、国际化经验、企业规模、年度、行业类型和所有权性质等控制变量关于组织合法性的回归模型，该回归模型在 1% 的水平上显著，调整 R 方为 0.3998，F 值为 16.01，其中资本结构（α=0.2062，P<0.1）和国际化经验（α=7.6171，P<0.05）显著且正向地影响组织合法性。模型 2 是在模型 1 的基础上加入了自变量国际化程度中的国际化深度这一维度进行回归，该模型在 1% 水平上显著，F 值为 15.99，调整 R 方提高到 0.4181，说明因变量国际化深度的加入使模型的解释能力增强。同时国际化深度对组织合法性之间存在显著的正向影响（α=28.4079，P<0.01），因此假设 H1a 成立。模型 3 是在模型 1 的基础上加入了自变量国际化程度中的国际化广度这一维度进行回归，该模型在 1% 水平上显著，F 值为 14.38，调整 R 方提高到 0.4279，说明模型 3 的解释能力相较于模型 1 出现增长。同时国际化广度对组织合法性起到了显著的正向影响（α=1.1099，P<0.01），因此假设 H1b 成立。模型 4 是在模型 1 的基础上同时加入了国际化深度和国际化广度这两个维度，用来进一步验证模型 2 与模型 3 所得结果的正确性，该模型调整 R 方由模型 1 的 0.3998 提高到 0.4437，说明加入因变量后模型 4 的解释能力大于模型 1，F 值为 14.26，该模型在 1% 水平上显著。由回归系数可以看出，国际化深度（α=26.4581，P<0.05）和国际化广度（α=1.0615，P<0.01）都对组织合法性起到了显著的正向影响作用。因此假设 H1a 和假设 H1b 均成立。

② 双元创新能力的调节作用

本部分根据前文提到的调节效应检验程序，运用模型 5～6 检验利用式创新能力对国际化程度与组织合法性的调节作用，运用模型 7～8 检验探索式创新能力对国际化程度与组织合法性的调节作用。检验结果如表 3-11、表 3-12 所示。

表 3-11 利用式创新能力的调节作用回归分析

变量	组织合法性	
	模型 5	模型 6
国际化深度	19.3686*	
国际化广度		0.6281
利用式创新	−0.0227*	−0.0066
国际化深度×利用式创新能力	0.0716***	
国际化广度×利用式创新能力		0.0023*
企业年龄	−3.6820	−5.0772
资本结构	0.2006*	0.1619
盈利能力	0.0697	0.0472
国际化经验	8.3138**	9.8143***
企业规模	5.5080	2.9951
年度	Yes	Yes
行业类型	Yes	Yes
所有权性质	Yes	Yes
cons	−54.7182	−7.9161
N	605	605
# of firms	121	121
Adj R-squared	0.4316	0.4345
F-Statistics	14.48***	13.38***

注：*$P<0.1$；**$P<0.05$；***$P<0.01$（双尾检验）。

表 3-12 探索式创新能力的调节作用回归分析

变量	组织合法性	
	模型 7	模型 8
国际化深度	9.3112	
国际化广度		1.3568***
探索式创新	−0.0724**	0.0448

续表

变量	组织合法性	
	模型 7	模型 8
国际化深度×探索式创新能力	0.3122***	
国际化广度×探索式创新能力		-0.0035
企业年龄	-2.8573	-3.9178
资本结构	0.1923*	0.1529
盈利能力	0.0123	0.0198
国际化经验	7.4950**	8.7695**
企业规模	4.9767	2.7548
年度	Yes	Yes
行业类型	Yes	Yes
所有权性质	Yes	Yes
cons	-50.9231	-17.0246
N	605	605
# of firms	121	121
Adj R-squared	0.4519	0.4332
F-Statistics	15.04***	12.46***

注：*$P<0.1$；**$P<0.05$；***$P<0.01$（双尾检验）。

在利用式创新能力的调节作用方面，检验假设 H2a：模型 5 在 1%水平上显著，F 值为 14.48，调整 R 方为 0.4316。国际化深度与利用式创新能力的交叉项的回归系数为 0.0716，并且在 1%水平上显著为正。由此得出利用式创新能力正向调节国际化深度与组织合法性之间的关系，因此假设 H2a 成立。检验假设 H2b：模型 6 在 1%水平上显著，F 值为 13.38，调整 R 方为 0.4345。国际化广度与利用式创新能力的交叉项的回归系数为 0.0023，并且在 10%水平上显著为正。由此得出利用式创新能力正向调节国际化广度与组织合法性之间的关系，因此假设 H2b 成立。

在探索式创新能力的调节作用方面，检验假设 H2c：模型 7 在 1%水平上显著，F 值为 15.04，调整 R 方为 0.4519。国际化深度与探索式创新能力的交叉项的回归系数为 0.3122，并且在 1%水平上显著为正。由此得出探索式创新能力正向调节国际化深度与组织合法性之间的关系，因此假设 H2c 成立。检验假设 H2d：模型 8 在 1%水平上显著，F 值为 12.46，调整 R 方为 0.4332。国际化广度与探索式创新能力的交叉项的回归系数不显著（α=-0.0035，P>0.1）。由此得出探索式创新能力对国际化深度与组织合法性的关系不存在正向调节作用，因此假设 H2d 不成立。

③ 稳健性检验

研究采用剔除部分样本的方法进行稳健性检验，以确保研究结果的准确性与代表性。从全样本中筛选出 89 个非国有企业的子样本，占总样本的 73.55%，因此该子样本选取较为合理且具有代表性。通过对子样本进行双向固定效应回归验证，重新验证模型 4、模型 5 和模型 6。检验结果如表 3-13 所示。

表 3-13　稳健性检验模型回归结果

变量	组织合法性		
	模型 4	模型 5	模型 6
国际化深度	24.0213*	13.3774	
国际化广度	0.9880*		1.1637**
利用式创新能力			
探索式创新能力		−0.0563	0.0511*
国际化深度×利用式创新能力			
国际化广度×利用式创新能力			
国际化深度×探索式创新能力		0.2990***	

续表

变量	组织合法性		
	模型4	模型5	模型6
国际化广度×探索式创新能力			-0.0015
企业年龄	-2.4546	-0.3982	-2.1898
资本结构	0.2273*	0.2269**	0.2119*
盈利能力	0.0741	0.0067	0.0353
国际化经验	8.0124*	5.4697	7.7965
企业规模	1.7411	4.7098	0.9985
年度	Yes	Yes	Yes
行业类型	Yes	Yes	Yes
所有权性质	Yes	Yes	Yes
cons	-30.1243	-72.5809	-15.8286
N	605	605	605
# of firms	121	121	121
Adj R-squared	0.5090	0.5287	0.5036
F-Statistics	14.28***	15.10***	12.01***

注：*$P<0.1$；**$P<0.05$；***$P<0.01$（双尾检验）。

根据以上稳健性检验结果可见，子样本在回归模型中的回归效果与回归系数的表现与全样本的结果差别不大，基本上保持统一性和一致性，结果没有明显变化，由此说明本节研究的结果通过了稳健性检验且呈现出的稳健性较为良好。

3.1.5 本节结果讨论

针对所提出的核心变量间的6个研究假设，本节研究采用实证研究的方法，选取我国121个高技术企业5年共计605个观测值，通过统计分析、相关分析、多元回归分析及多种检验得出了最终研究结果,其中有 5 个通过假设检验,有 1 个未通过。假设检验结果如表 3-14 所示。

表 3-14 假设检验结果汇总

假设	假设内容	结果
H1a	国际化深度对组织合法性产生显著的正向影响	通过
H1b	国际化广度对组织合法性产生显著的正向影响	通过
H2a	利用式创新能力对国际化深度与组织合法性存在正向调节作用	通过
H2b	利用式创新能力对国际化广度与组织合法性存在正向调节作用	通过
H2c	探索式创新能力对国际化深度与组织合法性存在正向调节作用	通过
H2d	探索式创新能力对国际化广度与组织合法性存在正向调节作用	未通过

在 H1 中,H1a 和 H2a 均通过了验证,说明国际化深度和国际化广度都对组织合法性产生了显著的正向影响。一方面,"走出去"的中国企业通过国际化深度扎根于某些特定海外市场,熟悉并融入目标国家的制度、文化及市场体系,加深与当地的交流,获得目的国的消费者、政府、投资方、合作伙伴等的接纳与支持;另一方面,"走出去"的中国企业通过国际化广度扩大在全球的经营范围,汲取各个国家的企业成长经验,提升企业在全球范围的接受度和认可度。因此,国际化程度的这两个维度分别从国际化深度和国际化广度的角度阐释了"走出去"的中国企业在海外生存所必须遵从的规制、规范和认知等,即促进了对企业组织合法性的获取。

在 H2 中,H2a、H2b 和 H2c 均通过了验证,而 H2d 没有通过验证,说明利用式创新能力在国际化深度与组织合法性、国际化广度与组织合法性之间存在正向调节效应,探索式创新能力对国际化深度与组织合法性存在正向调节作用,而对国际化广度与组织合法性不存在正向调节作用。利用式创新强调在已有产品及服务等的基础上进一步修正、完善与提升,利用式创新能力较强的"走出去"

的中国企业通过扎根某些特定海外市场，利用位置优势获取在当地长期积累下来的固定客户群体及独有的支持，提升自身组织合法性；同时，利用式创新能力较强的"走出去"的中国企业也可以广泛搜寻探索全球更多的市场与机会，通过对全球资源的加工、转移与整合，加深海外市场对该企业及其产品的认知度和接受度，获得企业发展所必需的组织合法性。探索式创新能力强调的是在零基础上的新价值创造，探索式创新能力较强的"走出去"的中国企业在国际化深度发展中,利用在特定市场的国际化经验,广泛搜索当地知识，在熟悉已有资源的基础上创造新的资源优势，从而进一步挖掘当地市场，得到该市场的组织合法性。而探索式创新能力较强的"走出去"的中国企业，在国际化广度发展的时候，同时注重发掘不同的市场，并没有对某一市场进行深层次的关注，导致通过探索式创新能力而产生的成果不能及时有效地传送至新市场并且得到该市场的认可与支持，因此探索式创新能力不能对国际化广度与组织合法性之间的关系起到积极的促进作用。随着经济全球化时代的到来，"走出去"的中国企业的国际化决策对提升组织合法性发挥着越来越重要的作用。在此过程中，获取并维护"走出去"的中国企业的组织合法性、有效利用双元创新能力都起着不可小视的作用。

3.2 国际化动态能力：组织合法性获取的微观基础

3.2.1 问题提出

在经济全球化的浪潮下，走出国门、在海外发展已逐渐成为企业进行资源寻求、技术追赶的重要扩张战略。在制度理论的框架下，

"走出去"的中国企业受到东道国制度环境的制约，面临诸多困难和挑战。如果东道国为欠发达国家或地区，那么这种挑战主要源于"外来者劣势"，因为相较这些后发国家，中国具有经济、制度、营商环境方面的"来源国优势"，企业到后发国家投资更易得到东道国在制度上的优惠和支持（Hoenen，2014）；相反，如果东道国为欧美等发达国家或地区，那么，因其自身成熟的政治体制、科学技术和文化氛围等，"走出去"的中国企业面临的则是"外来者劣势"和"来源国劣势"的叠加效应，使得组织合法性的冲突更加严重。

基于动态能力理论，企业国际化动态能力是指企业在东道国规范、管制和认知三重制度环境压力下，根据环境动态变化的特征，对其内外部资源进行重组、建立、协调、再配置以应对多变的市场环境的能力（吴先明，2019）。因此，动态能力的环境感知能力、学习吸收能力、资源整合能力三个维度能够很好地帮助"走出去"的中国企业获得组织合法性，故探讨企业国际化动态能力的提升对组织合法性获取的积极作用具有重要的理论及现实意义。

制度距离在企业"走出去"战略、东道国战略选择等组织及战略管理领域均有涉及，是指东道国与母国在政治体制和意识形态上的差异，是由不同国家的文化传统和历史抉择所带来的（肖宵等，2021）。学者们关注并广泛探讨如何用制度距离去解释东道国的选址问题（贾镜渝等，2016；吴晓波等，2017），研究表明，无论"走出去"的中国企业拥有何种优秀的特征属性及多大的"来源国优势"、东道国存在何种丰富资源或者先进技术，制度距离都会在一定程度上影响跨国并购或建厂的成败。同母公司制度距离更远的海外子公司，不仅面临身处东道国的制度环境约束，更要应对存在于集团内部的制度环境问题，这就是"制度双元"问题（Nell，2015）。制度距离同样是研究"走出去"的中国企业组织合法性生成过程中的关键变量，在企业国际化动态能力对组织合法性生成的影响中，现有研究对制度距离在其中扮演了何种角色及对二者间关系产生多少阻碍尚不清楚，本节研究拟引入制度距离这一关键变量对企业国际化动态能力和组织合法性关系的影响展开研究，探究其内在作用机理。

故本节研究基于制度理论和动态能力理论，主要尝试解决以下三个研究问题：

第一，"走出去"的中国企业国际化动态能力影响组织合法性获取的内在机制是什么？

第二，哪些国际化动态能力会影响"走出去"的中国企业组织合法性的获取？影响程度如何？

第三，制度距离是否调节国际化动态能力同组织合法性之间的关系？

综上所述，本节研究将首先探究国际化动态能力对组织合法性的直接影响与作用，接着结合东道国与母国的制度距离分析不同的国际化动态能力驱动下组织合法性的获取途径，以此思维路径开展实证研究并探讨在此机制下的"走出去"的中国企业组织合法性获取。

3.2.2 理论分析与假设提出

（1）国际化动态能力与组织合法性

组织合法性是新创企业与"走出去"的中国企业关注的热点研

究之一，从战略视角来看，组织合法性的获取更多强调主观能动性，并且能够基于自身的各项能力影响甚至改变外部环境，即合法性是一种可以通过组织战略来获得的资源。合法性资源的获取可以带来相关利益者的认同与信任，在利益相关者眼中高组织合法性的企业相对于低组织合法性的企业更有投资价值，更值得相信与认可，这种认同感能使外部利益相关者愿意相信企业所做的声明与承诺（曾楚宏，2008），进而带来企业发展所需要的其他资源。

为了获得内外部利益相关者的认同，更为了获取企业生存和进一步发展所需的各类资源，企业会根据内外界情况采取合适的战略来获得更多的组织合法性。简而言之，"走出去"的中国企业可以通过一定的努力来主动争取合法性，国际化动态能力能很好地帮助其获得组织合法性。根据第二章文献综述可知，国际化动态能力可以划分为环境感知能力、学习吸收能力和资源整合能力。环境感知能力能够帮助企业识别市场风险及新的机遇（Teece D J，2007），为企业获得组织合法性提供充足的前提条件；学习吸收能力则是获取、学习及吸收利用前沿的技术知识来创造适合企业自身运作的新知识和新技术的能力，影响着知识转移的效率与结果，能够弥补与技术领先企业在合作创新中的不足，提升利益相关者的满意度，从而获得组织合法性（Cohen W M，2000），还可以解决企业在获取组织合法性途中所面对的各种难题。通过对商业模式、管理模式和新知识技术等方面的学习并将其吸收内化为自己企业的知识，企业可获得更多内外部利益相关者的认可，从而获得组织合法性（Hsu L，2012）。资源整合能力可以帮助企业创立新的组织架构、管理团队和操作流程，同时整合企业生存和发展的关键性资源，并以此来持续促进"走出去"的中国企业获得组织合法性。

因此本节研究提出以下假设：

H1a：环境感知能力对组织合法性产生显著的正向影响。

H1b：学习吸收能力对组织合法性产生显著的正向影响。

H1c：资源整合能力对组织合法性产生显著的正向影响。

（2）制度距离的调节作用

"走出去"的中国企业的生存和发展与其外部环境有着重要联系，Hill（1995）研究表明企业的战略需要与外部政治、经济、技术等环境相适应并有效结合才能取得更高的组织合法性。已有研究表明，当地政府会出于保护本土产业健康发展的思路，对外来企业进行限制，故制度距离会对"走出去"的中国企业组织合法性获取产生较大影响（Lundvall B，2010）。当两个国家或地区之间制度差异较小时，企业能获得更高的组织合法性；而当两个国家或地区之间的制度差异较大时，企业较难获取组织合法性，甚至可能被迫退出东道国市场。在制度顺差下，东道国政治经济发展水平均不及中国，其法律法规不够完善，市场制度及准则也不够成熟，信息闭塞且不够透明，"走出去"的中国企业的先进管理制度及经营方式在此很难适用，且存在被区别对待的情况，以上种种状况均会导致企业在此经营存在着较大的风险且盈利的可预见性较差。同时，东道国地方政府也很难按照要求提供必要的基础设施服务，这将使"走出去"的中国企业在东道国遇到更多的组织合法性障碍。在制度逆差下，发达国家的政治体制和东西方意识形态差异是"走出去"的中国企业最先要面对的困难。从组织合法性的认知合法性维度来说，制度逆差越大，东道国社会对"走出去"的中国企业在认知上就会有更多的偏见，尤其是对企业的产品质量、售后服务、技术水平等方面的认可度和信任度较低。所以，一般来说，中国企业前往制度距离较小的东道国进行海外经营，会因为相似的人文地理环境及更为接近的政治经济环境，而更易开展经营活动并实现可持续发展；前往制度距离较大的东道国，无论是制度顺差较大抑或制度逆差较大，都会在一定程度上存在显性或隐性的文化壁垒和技术壁垒，从而阻碍"走出去"的中国企业的国际化创新。从"走出去"的中国企业的母子公司间的关系来看，制度距离越大，母子公司之间信息交流越困难，致使母公司与子公司难以互相传递管理行为、文化和知识技术，或者使得传达的内容无法适应当地制度环境，从而影响"走出去"的中国企业的组织合法性获取。由此可知，制度距离越大，由企业国际化动态能力带来的优势所生成的组织合法性越会被削弱；与此同时，制度距离的增大也会提升所需技术资源的门槛，即"走出去"的中国企业需要获取更多的组织合法性来适应巨大的制度差异。

因此本节提出以下假设：

H2a：制度距离对环境感知能力与组织合法性间的关系起负向调节作用。

H2b：制度距离对学习吸收能力与组织合法性间的关系起负向调节作用。

H2c：制度距离对资源整合能力与组织合法性间的关系起负向调节作用。

基于以上思路和研究假设，本节研究建立了企业国际化动态能力、组织合法性、制度距离之间的关系模型，企业国际化动态能力对组织合法性生成有着显著的正向影响，制度距离负向调节了二者间关系，本节研究的具体理论模型如图 3-2 所示。

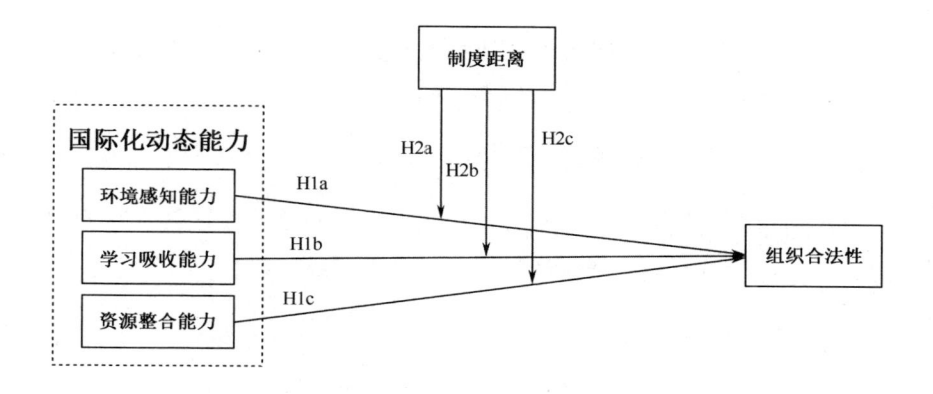

图 3-2　理论模型

3.2.3　研究设计

（1）样本选取与数据来源

子研究 2 选取在 2008—2015 年进行海外跨国并购的，且在中国沪深股市上市的企业作为研究对象，采集的样本企业主要涵盖了制造业、采矿业、通信行业、生物行业及其他行业。初步样本数据源于汤姆森数据库（SDC），SDC 数据库是业界知名的数据库，涵盖了债券、股票发行、合并与收购、企业财团贷款、私募股权市场、项目融资、公司治理及更多上市公司的相关资料，得到广大业内人士的认可。为进一步保证变量的可靠性，使得实证研究的结果具有代表性，本节研究选区样本的原则如下：

① 选取的"走出去"的中国企业在汤姆森数据库（SDC）可以确认完成并购事件同时排除重复记录；

② 收购方为企业实体而非个人；

③ 由于上市公司披露了更详细的信息，本节研究选取的"走出去"的中国企业为沪深两市 A 股上市的企业，剔除所用的测量指标在上市公司报表内数据缺失的企业；

④ 选取的并购事件海外的目标企业非中国企业，且收购方为中国企业（排除在中国沪深两市 A 股上市的外资企业）；

⑤ 在选取样本时，目的地选取了国家（不包括地区），并且排除了金融中心，如英属维尔京群岛和开曼群岛等。接着排除了以银行、证券等为主的金融业；

⑥ 剔除部分数据缺失的样本。根据上述样本选择原则，最终筛选得到样本 204 个。本节研究样本所涉及的数据源于沪深两市 A 股上市的公司年报、汤姆森数据库（SDC）、中外专利数据库及网络媒体信息的内容分析。根据各变量的测量指标，从相关数据库、上市公司年报、中外专利数据库和网络媒体等对相关数据进行收集和整理。

（2）变量测量

① 被解释变量

本节研究的被解释变量为组织合法性（OL），其测量方式同上述 3.1.3 节中组织合法性的测量方式，此处不再赘述。

② 解释变量

本节研究的解释变量为国际化动态能力，由已有关于动态能力的相关文献可知，在此变量相关的实证研究中，大部分学者采用的都是问卷调查方法。鉴于数据的客观性，本节采用上市公司财务数据和上市公司年报来测量和研究国际化动态能力，国际化动态能力包括环境感知能力、学习吸收能力和资源整合能力。

环境感知能力（EPC），是"走出去"的中国企业对环境变化的敏锐性，是预知合作者需求的响应能力，这种感知能力可以通过扫描、寻找及适应等行为，来应对动态变化的市场机会和威胁。而为了把握市场机会、规避各种市场风险来探索企业未来发展的道路，企业领导者需要敏锐地洞悉外部不停变化的环境，具备感知潜在的风险和机遇的能力（Walls J L，2012）。因此关于环境感知能力的测量，使用的是 Eggers 和 Kaplan（2009）测量组织风险感知的方法，采用计算机文本挖掘对上市公司年报的信息进行筛选，测量"风险"一词出现的频率，描述"风险"的篇幅数占总篇幅数（上市公司年报）的比率来进行标准化，因其数值规模过小，最后用频率乘以1000来进行回归。

学习吸收能力（LAC）是指积极学习同时又有对外获取前沿的知识经验的能力，并能对前沿知识经验进行有效转换与利用。我国"走出去"的中国企业在国际化初期大多选择适应东道国行业环境，参与的工作属于价值链的底层，更多地从事供应链中上游的流水线式、缺乏技术含量的生产制造活动。这时候，学习吸收能力可以帮助"走出去"的中国企业获取发展需要的核心技术，使中国企业对海外市场深度的开发向价值链的高端进行拓展延伸。学习吸收能力通常会使用研发强度来衡量（赵凤，2016），即用研发投入与营业收入之间的比率来表示。研发投入和营业收入数据源于上市公司年报。

资源整合能力（RIC）在选取测项时更侧重于"走出去"的中国企业已有资源再调整的效率，因为它是企业整合和配置资源来适应动态变化的环境的能力。能够较好地反映企业营运效率的重要指标则是资产周转率（金碚，2007），这个指标体现的是企业在一定时间内经过投入、生产及销售等一系列过程的全部资产的流转速度,反映企业对自身已有的内外部资源的运作效率和质量。因此本节研究采用资产周转率来衡量资源整合能力,即总营业额和总资产之间的比率,表明所有者资产的运转效率,可以较好地反映企业的管理水平,体现了企业资源整合能力。总营业额和总资产数据源于上市公司年报。

③ 调节变量

本节研究的调节变量为制度距离(ID),主要通过制度距离的两个维度来进行衡量。其中,关于正式制度距离,已有的主流测量方法有两种,一种是全球治理指数(WGI),由世界银行所开发。另一种是全球经济自由度指数(EFI),由美国传统基金会发布。本节研究选用全球经济自由度指数(EFI)来衡量,该指数综合评价了各个国家和地区的市场制度质量,处理方法是先标准化各国全球经济自由度指数,再计算东道国与中国的评分之差,因"距离"一词体现的是大小或远近,并未含有方向的意义,所以用评分差的绝对值来表示正式制度距离。

$$Y_{ij} = \frac{X_{ij} - Min(X_{ij})}{Max(X_{ij}) - Min(X_{ij})} \quad (3\text{-}9)$$

用极差法对全球经济自由度指数进行标准化,Y_{ij} 为 i 国在 j 年的全球经济自由度指数标准化后的值。

$$FID_{ij} = |Y_{ij} - CH_j| \quad (3\text{-}10)$$

FID_{ij} 为 i 国与中国在 j 年的正式制度距离,CH_j 为中国在 j 年的全球经济自由度指数标准化后的值。而非正式制度距离则采用 Hofstede 指数来衡量(Hofstede G,1980),该指数从权利距离、个人主义或集体主义、不确定性规避、阳刚气质或阴柔气质、长期取向或短期取向和自身放纵或约束对各国文化特征进行量化。考虑到并购样本中有些东道国长期导向或短期导向和自身放纵或约束这两个维度数据缺失，本节选用前面四个维度，并采用 Kogut 和 Singh（1988）提出的模型计算。同时，调节变量的数据都选用完成并购前一年的数据。

$$IFID_{ij} = \frac{1}{4}\sum \frac{(D_{hij} - DZ_{hj})^2}{\sigma_h^2}, \quad h = 1,2,3,4 \quad (3-11)$$

$IFID_{ij}$ 为 i 国与中国在 j 年的非正式制度距离，D_{hij} 表示 i 国在 j 年的第 h 个分项指标值，DZ_{hj} 表示中国在 j 年的第 h 个分项指标值，σ_h^2 代表第 h 个指标的方差。

为计算整体的制度距离，本节采用改进熵值法确定各维度的权重（杨丽，2015），具体步骤如下。

第一步：数据标准化，采用极差法对数据进行标准化处理。

$$Y_{ij} = \frac{X_{ij} - Min(X_{ij})}{Max(X_{ij}) - Min(X_{ij})} \quad (3-12)$$

X_{ij} 为样本 i 的第 j 项指标，Y_{ij} 为标准化值。

第二步：求各指标的信息熵值。

$$E_j = -\ln(n) \times \sum_{i=1}^{n} Y_{ij} \ln(Y_{ij}) \quad (3-13)$$

其中 n 为样本总数。

第三步：确定指标权重。

$$W_j = \frac{1 - E_j}{k - \sum E_j} \quad (3-14)$$

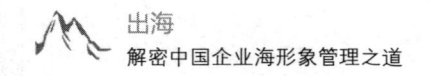

其中 k 为指标个数。

求得正式制度距离的权重为 0.501，非正式制度距离的权重为 0.499。

$$ID=0.501×FID+0.499×IFID \qquad (3-15)$$

④ 控制变量

根据已有研究成果并结合本节研究的实际需要，引入以下控制变量：

企业年龄（Age）：用"走出去"的中国企业完成跨国并购前一年距离企业成立的时间来表示。数据源于上市公司年报。

资产负债率（AR）：是负债总额与企业资产总额之比。用"走出去"的中国企业完成跨国并购前一年负债总额与资产总额的比率来表示。数据源于上市公司年报。

营销强度（M）：反映了取得一定的销售收入所需付出的营销成本，用"走出去"的中国企业完成跨国并购前一年营销费用占营业收入的比率来衡量。数据源于上市公司年报。

除了上述控制变量，本节研究还设计了以下虚拟变量：

企业规模（Size）：是对企业生产和经营等范围的划分。收集"走出去"的中国企业完成跨国并购前一年员工人数，根据收集到的数据把企业规模分为三类，第一类是 1000 人以下，第二类是 1000～5000 人，第三类是 5000 人以上。数据源于上市公司年报。

行业属性（Industry）：是对行业所从事的主要业务的划分。为了控制行业的影响，本节研究根据样本将其划分为制造业，采矿业，通信、计算机、IT业，生物、医疗、制药业和其他行业，共五大类。数据源于汤姆森数据库（SDC）和上市公司年报。

国际化并购经验（Exp）：是指企业拥有成功进行海外并购的经历，掌握一定的海外经营的知识和技能等。将"走出去"的中国企业并购前一年有无成功的并购经验设置为虚拟变量0和1，有过成功的跨国并购经验为1，没有跨国并购经验为0。数据源于汤姆森数据库（SDC）和上市公司年报。

企业性质（State）：本节研究把企业性质细分成国有企业与民营企业，并将企业性质设置为虚拟变量0和1，国有企业为1，民营企业为0。数据源于上市公司年报和公司官网。

（3）回归模型构建

本节研究重点在于以中国进行跨国并购的"走出去"的上市公司为样本，检验国际化动态能力对组织合法性的影响，以及检验制度距离的调节作用。由本节研究的假设构建以下模型：

$$OL_i = \alpha_1 + \alpha_2 \sum Controls_i + \varepsilon_i \quad (3\text{-}16)$$

$$OL_i = \alpha_1 + \alpha_2 EPC_i + \alpha_3 \sum Controls_i + \varepsilon_i \quad (3\text{-}17)$$

$$OL_i = \alpha_1 + \alpha_2 EPC_i + \alpha_3 LAC_i + \alpha_4 \sum Controls_i + \varepsilon_i \quad (3\text{-}18)$$

$$OL_i = \alpha_1 + \alpha_2 EPC_i + \alpha_3 LAC_i + \alpha_4 RIC_i + \alpha_5 \sum Controls_i + \varepsilon_i \quad (3\text{-}19)$$

$$OL_i = \alpha_1 + \alpha_2 EPC_i + \alpha_3 ID_i + \alpha_4 EPC_i \times ID_i + \alpha_5 \sum Controls_i + \varepsilon_i \quad (3\text{-}20)$$

$$OL_i = \alpha_1 + \alpha_2 LAC_i + \alpha_3 ID_i + \alpha_4 LAC_i \times ID_i + \alpha_5 \sum Controls_i + \varepsilon_i \quad (3\text{-}21)$$

$$OL_i = \alpha_1 + \alpha_2 RIC_i + \alpha_3 ID_i + \alpha_4 RIC_i \times ID_i + \alpha_5 \sum Controls_i + \varepsilon_i \quad (3\text{-}22)$$

其中，i代表第i个样本，EPC_i为第i个样本的环境感知能力，

LAC$_i$ 为第 i 个样本的学习吸收能力，RIC$_i$ 为第 i 个样本的资源整合能力，OL$_i$ 为第 i 个样本的组织合法性，ID$_i$ 为第 i 个样本的制度距离，$\sum$Controls$_i$ 为第 i 个样本的企业年龄、资产负债率、营销强度、行业属性、企业规模、国际化并购经验和企业性质，α_1、α_2、α_3、α_4、α_5 为各变量的回归系数，ε_i 为各模型的残差项。

3.2.4 数据分析与模型验证

（1）数据的描述性统计

表 3-15 是本节研究模型中所涉及的所有变量的描述性统计分析，其中有组织合法性、制度距离等。从表中可知环境感知能力的均值为 1.3912，标准差为 0.4874，学习吸收能力的均值为 0.0413，标准差为 0.0106，资源整合能力的均值为 0.6699，标准差为 0.3662，均值都大于标准差，表明不同企业的环境感知能力、学习吸收能力和资源整合能力差异较小，样本企业都较为重视国际化动态能力。而组织合法性均值为 15.7549，标准差为 20.3508，表明不同企业获得的组织合法性存在差异。

表 3-15 各变量描述性统计分析

名称	代码	观测数	均值	标准差	最小值	最大值
环境感知能力	EPC	204	1.3912	0.4874	0.4172	3.139
学习吸收能力	LAC	204	0.0413	0.0106	0.0132	0.0797
资源整合能力	RIC	204	0.6699	0.3662	0.1319	1.9648
组织合法性	OL	204	15.7549	20.3508	0	103
制度距离	ID	204	0.5877	0.1513	0.0503	0.9059
企业年龄	age	204	14.9755	5.8305	2	34
资产负债率	AR	204	0.3632	0.2192	0.0222	0.9526
营销强度	M	204	0.1258	0.1310	0.0017	0.572

续表

名称	代码	观测数	均值	标准差	最小值	最大值
行业属性	industry	204	2.5000	1.5167	1	5
企业规模	size	204	2.5686	0.7295	1	3
国际化并购经验	exp	204	0.3529	0.4791	0	1
企业性质	state	204	0.2794	0.4498	0	1

表 3-16 为样本企业行业分布，选取的 2008—2015 年的 204 个样本企业，主要涉及制造业，采矿业，通信、计算机、IT 业，生物、医疗、制药业等，其中制造业是跨国并购的主力军，占到了样本的 41.67%，生物、医疗、制药业，通信、计算机、IT 业，采矿业紧随其后，其他行业加起来只占了总样本的 14.71%。具体分布情况如下：

表 3-16　样本行业分布情况

所在行业	样本量	百分比
制造业	85	41.67%
生物、医疗、制药业	33	16.18%
通信、计算机、IT 业	31	15.20%
采矿业	25	12.25%
其他	30	14.71%

表 3-17 为样本企业并购目的地分布情况。可见本节研究中的 204 个样本企业进行跨国并购的东道国共有 21 个，其中前往美国、德国、加拿大的最多，分别占了总样本的 31.86%，10.78% 和 7.35%，可见我国"走出去"的中国企业进行跨国并购多选择欧美国家，这也符合中国企业并购欧美国家的企业来获取更前沿的知识技术等资本的现实情况。具体分布情况如下：

表 3-17　并购目的地分布情况

并购目的地	样本量	百分比
奥地利	7	3.43%
澳大利亚	14	6.86%
丹麦	2	0.98%
德国	22	10.78%
俄罗斯	2	0.98%
法国	4	1.96%
韩国	4	1.96%
荷兰	6	2.94%
加拿大	15	7.35%
马来西亚	2	0.98%
美国	65	31.86%
日本	6	2.94%
瑞典	3	1.47%
瑞士	3	1.47%
土耳其	1	0.49%
新加坡	14	6.86%
以色列	7	3.43%
意大利	14	6.86%
印度	2	0.98%
印度尼西亚	5	2.45%
英国	6	2.94%

表 3-18 为样本企业年龄分布。本节研究的考察期为并购完成的那一年，以此来衡量跨国企业的经营年限。在本节研究所有样本企业中，经营时间在 0～5 年和 26 年以上的企业最少，分别占总样本的 2.45%和 6.37%，大部分跨国企业集中在 6～25 年，其中经营时间在 11～15 年的企业最多，占总样本的 38.24%，说明"走出去"的中国企业都比较年轻，具有极大发展潜力。

表 3-18　样本企业年龄分布情况

企业年龄	样本量	百分比
0～5 年	5	2.45%
6～10 年	24	11.76%
11～15 年	78	38.24%
16～20 年	57	27.94%
21～25 年	27	13.24%
26 年以上	13	6.37%

表 3-19 为样本企业性质特征。本节研究总共选取 204 个样本企业，国有企业数量是 57，民营企业数量是 147。具体分布情况如下：

表 3-19　样本企业性质特征

企业性质	样本量	百分比
民营企业	147	72.06%
国有企业	57	27.94%

（2）相关性分析

在进行了描述性统计分析之后，本节研究进一步进行了 Pearson 相关性分析，结果如表 3-20 所示。从表 3-20 中能够清楚得知，学习吸收能力和资源整合能力均与组织合法性显著相关（$\beta_1=0.208$，$p<0.01$；$\beta_2=0.142$，$p<0.05$）。与此同时，企业年龄、资产负债率、行业属性、企业性质和企业规模都与组织合法性显著相关，说明就国际化动态能力对组织合法性的研究而言，所选取的控制变量是较为合适的。为了进一步验证是否存在多重共线性问题，本节研究利用 Stata13.0 进行变量之间的共线性诊断。从表 3-21 的结果可以发现，模型中的所有变量的方差膨胀因子（VIF）都小于 10，平均值为 1.22，容忍度均大于 0.1，平均值为 0.8303，从而可以证明变量间不

存在多重共线性问题，进行下一步回归分析。

表 3-20 Pearson 相关性分析结果

	1	2	3	4	5	6	7	8	9	10	11	12
1.OL	1.000											
2.EPC	0.103*	1.000										
3.LAC	0.696***	-0.04	1.000									
4.RIC	0.178**	0.131*	0.116*	1.000								
5.ID	-0.072	0.143**	0.022	0.038	1.000							
6.age	0.178**	0.118*	0.143**	0.077	0.133*	1.000						
7.AR	0.287***	0.139**	0.075	-0.044	0.175**	0.278***	1.000					
8.M	-0.027	-0.160**	0.016	0.087	-0.013	0.06	0.102	1.000				
9.iudustry	0.301***	0.016	-0.283***	-0.087	0.165**	-0.169	-0.185	0.003	1.000			
10.size	0.177**	-0.04	0.199**	0.035	0199**	0.075	0.306***	0.018	-0.04	1.000		
11.exp	0.011	0.002	-0.086	0.084	-0.004	0.056	-0.078	0.093	0.108	0.015	1.000	
12.state	0.199***	0.181***	0.083	0.056	-0.002	0.183***	0.437***	-0.056	0.206***	0.129*	-0.071	1.000

注：*P<0.1；**P<0.05；***P<0.01（双尾检验）。

表 3-21 解释变量共线性诊断

变量	方差膨胀因子	容忍度
资产负债率	1.58	0.6337
企业性质	1.31	0.7607
组织合法性	1.28	0.7841
企业规模	1.27	0.7902
学习吸收能力	1.20	0.8318
制度距离	1.20	0.8343
行业属性	1.20	0.8365
企业年龄	1.16	0.8597
环境感知能力	1.13	0.8871
国际化并购经验	1.12	0.8922
资源整合能力	1.08	0.9217
营销强度	1.07	0.9317
平均值	1.22	0.8303

(3) 多元线性回归分析

本节研究用 Stata15.0 进行多元回归分析，从而验证研究假设。

① 国际化动态能力与组织合法性

本部分验证国际化动态能力与组织合法性的关系，表 3-22 显示了此部分的模型。其中，模型 1 是控制变量对组织合法性的影响，囊括了营销强度、行业属性、企业规模、国际化并购经验、企业年龄、资产负债率及企业性质等。由模型 1 可知，模型的 F 值为 6.24，显著性水平小于 0.01，因此回归显著。其中资产负债率（β=13.5047，P<0.1）、企业规模（β=4.5270，P<0.01）和国际化并购经验（β=9.8196，P<0.01）对组织合法性有显著的正向作用。模型 2、模型 3 和模型 4 是在模型 1 的基础上加入了自变量环境感知能力、学习吸收能力和资源整合能力以后的模型。

由模型 2 可知，调整后的 R 方由模型 1 的 0.1307 变为 0.1271，表明加入环境感知能力后的模型解释能力小于模型 1，由此可知模型的解释能力变弱。而其 F 值是 5.43，显著性水平小于 0.01，回归显著。然而自变量环境感知能力与创新绩效的关系不明显（β=1.2839，P>0.1），表明假设 H1a 不成立。

在模型 3 中，调整后的 R 方为 0.1542，F 值为 6.02 且显著性水平小于 0.01，因此回归模型显著。其中资产负债率（β=14.5721，P<0.05）、企业规模（β=3.5555，P<0.01）和国际化并购经验（β=10.3638，P<0.01）对组织合法性有显著的正向作用。假设 H1b 得到支持，因为自变量学习吸收能力与组织合法性之间的正向作用显著（β=357.1228，P<0.05）。

模型 4 的调整 R 方是 0.1632，F 值为 6.11 且显著性水平小于

0.01，因此回归模型显著。其中资产负债率（β=15.3745，P<0.05）、企业规模（β=3.7527，P<0.01）和国际化并购经验（β=9.9082，P<0.01）对组织合法性有显著的正向作用。自变量资源整合能力对组织合法性有显著的正向影响（β=6.4758，P<0.1），因此假设 H1c 成立。

表 3-22　国际化动态能力与组织合法性回归分析

变量	组织合法性			
	模型 1	模型 2	模型 3	模型 4
环境感知能力		1.2839	1.5443	2.2061
学习吸收能力			357.1228**	333.9779**
资源整合能力				6.4758*
企业年龄	0.3543	0.3439	0.2724	0.2442
资产负债率	13.5047*	13.3011*	14.5721**	15.3745**
营销强度	-2.1594	-1.4413	-1.4690	-2.3767
行业属性	-0.1086	-0.1381	0.5079	0.5853
企业规模	4.5270***	4.5988***	3.5555***	3.7527***
国际化并购经验	9.8196***	9.7933***	10.3638***	9.9082***
企业性质	4.2465	4.0371	3.8946	3.3716
常量	-10.193*	-11.8822*	-25.4693***	-29.9217***
调整 R 方	0.1307	0.1271	0.1542	0.1632
F 值	6.24***	5.43***	6.02***	6.11***

注：*P<0.1；**P<0.05；***P<0.01（双尾检验）。

② 制度距离的调节作用

表 3-23 表示制度距离对国际化动态能力和组织合法性之间起调节作用的初步回归分析结果，运用模型 6 检验制度距离对学习吸收知能力与组织合法性的调节作用，运用模型 7 检验制度距离对资源整合能力与组织合法性的调节作用。检验结果如表 3-23 所示。此外，上述实证分析得出环境感知能力与组织合法性无显著关系，假设 H1a 不成立，故此处无须再验证模型 5，制度距离不在环境感知能力与组织合法性间起调节作用，假设 H2a 不成立。

检验假设 H2b：模型 6 在 1%水平上显著，F 值为 14.06，调整 R 方为 0.5940。学习吸收能力与制度距离的交叉项的回归系数为 -6.3552，并且在 1%水平上显著为负。由此得出制度距离负向调节学习吸收能力与组织合法性之间的关系，因此假设 H2b 成立。

检验假设 H2c：模型 7 在 1%水平上显著，F 值为 14.93，调整 R 方为 0.6049。资源整合能力与制度距离的交叉项的回归系数为 -1.3722，并且在 5%水平上显著为负。由此得出制度距离负向调节资源整合能力与组织合法性之间的关系，因此假设 H2c 成立。

表 3-23 制度距离的调节作用回归分析

变量	组织合法性 模型 6	组织合法性 模型 7
学习吸收能力	329.3311***	
资源整合能力		6.1851*
制度距离	15.6777**	11.78656
学习吸收能力×制度距离	-6.3552***	
资源整合能力×制度距离		-1.3722**
企业年龄	-0.3330	-0.3185
资产负债率	95.3221***	96.7075***
营销强度	-44.0986	-45.2082
行业属性	-4.6381	-4.6525
企业规模	-7.4511	-11.2572**
国际化并购经验	9.5984	10.3768
企业性质	10.4433	12.5005
常量	-169.978***	-199.784***
调整 R 方	0.5940	0.6049
F 值	14.06***	14.93***

注：*$P<0.1$；**$P<0.05$；***$P<0.01$（双尾检验）。

3.2.5　本节结果讨论

本节基于研究主题的需要及实践考虑，选择进行跨国并购的 204 个研究样本，探讨了国际化动态能力和组织合法性的关系，并引入了制度距离为调节变量，共提出了 6 个研究假设，通过数据的整理和分析，共有 4 个通过检验，2 个未通过检验，且有检验得到了负向显著关系，详情见表 3-24。

表 3-24　假设检验结果汇总

假设	假设内容	结论
H1a	环境感知能力对组织合法性产生显著的正向影响	未通过
H1b	学习吸收能力对组织合法性产生显著的正向影响	通过
H1c	资源整合能力对组织合法性产生显著的正向影响	通过
H2a	制度距离对环境感知能力与组织合法性间的关系起负向调节作用	未通过
H2b	制度距离对学习吸收能力与组织合法性间的关系起负向调节作用	通过
H2c	制度距离对资源整合能力与组织合法性间的关系起负向调节作用	通过

H1b 和 H1c 都获得了支持，H1a 未获得支持。学习吸收能力可以帮助"走出去"的中国企业获取更先进的知识和技术，能够缩小与西方发达市场的企业在合作创新中的差距，提升内外部利益相关者的认可度，从而获得更好的组织合法性。资源整合能力在整合组织合法性相关资源的同时，促使"走出去"的中国企业在组织架构、管理方式和管理流程等方面适应新环境，这些改变会得到利益相关者的认同，使其认为企业遵守了游戏规则，尊重当地的文化与规范。然而在此测度上，"走出去"的中国企业的环境感知能力可能更偏向

于对直接利益方面的感知与考量,弱化了对组织合法性的相关考虑,也可能是外部的组织合法性观察者较难从这一维度上感知到"走出去"的中国企业积极地获取组织合法性,因此未检验出环境感知能力与组织合法性之间的关系。因此,"走出去"的中国企业在环境感知的过程中,对风险敏锐感知的同时,要抓住机遇,避免因过分保守而错失良机,并要努力提高自身的学习吸收能力和资源整合能力。

H2b 和 H2c 得到了支持,H2a 没有获得支持。这说明正式制度距离越大,由组织合法性所产生的创新效果越会被削弱,正式制度距离的增大也会提升所需技术资源的门槛,即"走出去"的中国企业需要获取更高的组织合法性来适应更大的正式制度距离下的新市场、经济、技术和政策环境等。H2a 未获得支持是由于环境感知能力未能影响组织合法性的获取,继而无法继续检验。因此,"走出去"的中国企业可以先选择制度距离较小的东道国企业进行并购,积累一定的国际化并购经验。而在选择制度距离较大的东道国企业进行并购时,需要及时更新企业资源,以获得更强的国际化动态能力,同时遵循东道国市场法律法规,进行更多的沟通交流以促进彼此理解与合作。

3.3　研发国际化:组织合法性获取的动力源泉

3.3.1　问题提出

进入 21 世纪,尤其是我国加入 WTO 以来,经过多年的持续迅猛发展,中国已成为仅次于美国的第二大经济体,并被视为新兴经济体发展的领跑者。作为企业生存和发展所必需的关键无形资源，组织合法性正逐渐变为企业获取竞争优势的重要来源之一（杨洋，2017）。然而组织合法性的缺失是我国企业在国际化进程中普遍存在的问题。制度理论认为企业参与研发活动可以有效应对利益相关者要求创新的压力，从而获得持续的组织合法性（Quevedo-Puente D E，2007）。同时，研发是一种商业信号，它能带来客户和员工的认可，会对合法性的获取产生促进作用（Chun R，2006），这是因为研发活动本身难以模仿和替代，其产生的社会效益及对组织合法性的积极影响大于研发活动本身（Carlton P R，2012）。因此，企业的研发活动显然是影响企业组织合法性的一个重要因素，对于来自新兴经济体的"走出去"的中国企业来说，研发国际化对于其提升自身的技术能力具有重要作用。中国企业的研发国际化具有代表性和典型性，研究中国情境下的研发国际化可以为其他新兴市场"走出去"的企业提供有力借鉴。但是现有关于渐进式国际化的研究大多体现在发达国家跨国企业的海外扩张上，而较少将关注点放在"走出去"的中国企业上。

近些年随着中国企业在全球市场上影响力的不断提升，"走出去"的中国企业渐渐在国际舞台上崭露头角，其展现出的独特海外扩张模式也不断引起国际商务领域学者的研究兴趣。但是学者们的研究重点主要还是集中在企业对外投资的区位选择和投资动机等方面（Buckley P J，2017），忽略了研发国际化活动作为独特的企业国际行为会对组织合法性产生影响。同时，现有研究缺乏对"走出去"的中国企业国际化速度和国际化节奏这种反映企业海外扩张模式的重要变量的关注。此外，不同的国际化进程是否会对企业研发国际化与组织合法性的关系起到不同作用也需要进一步验证。因此，研究"走出去"的中国企业的国际化速度和国际化节奏对组织合法性获取的影响,具有一定的理论意义和实践价值。

故本节研究基于信号理论和利益相关者理论,主要尝试解决以下三个研究问题:

第一,"走出去"的中国企业研发国际化广度及研发国际化深度会不会向利益相关者传递出不一样的信号,从而对组织合法性产生不同的影响?

第二,过快的国际化速度会不会使研发国际化对组织合法性的影响产生不同的调节效应?

第三,无规则的国际化节奏是否会使研发国际化对组织合法性的影响产生不同的调节效应?

综上所述,本节研究将首先分析研发国际化对组织合法性的直接影响,接着结合国际化速度与国际化节奏分别探究研发国际化驱动下的组织合法性获取途径,以此思维路径开展实证研究并探讨在此机制下的"走出去"的中国企业组织合法性的获取。

3.3.2 理论分析与假设提出

(1) 研发国际化与组织合法性

组织合法性代表社会对组织实践的认可度和接受度,被认为是跨国公司的一种重要资源,用来帮助其获取更多其他资源(Hillman A J,2005)。Kang(2012)基于利益相关者理论发现,企业通过国际化所带来业务范围和经营地域范围的扩大使与公司有关的利益相关者的数量增加和异质性增强，进而建立与各利益相关者的密切关系，减少负面的监管、财政或立法行为，以吸引更多有社会意识的消费者的关注，进而增强"走出去"的中国企业进入东道国的组织合法性。

而"走出去"的中国企业在进行国际化的进程中，会面临外来者劣势、新兴者劣势和来源国劣势等情况。为了解决这些难题，越来越多的企业意识到全球研发的重要性，纷纷开始在母国以外的国家设置研发机构来获取和整合创新资源，以保持其自身竞争优势（yang C H，2015）。在国际化进程中，研究与开发是非常重要的一环，研究与开发（R&D）活动是企业学习新知识、领悟新技术和布局新产品的战略性投资（祁特，2020）。基于信号理论，王文龙等（2015）认为企业的研发国际化行为是"走出去"的中国企业向利益相关者传递出信号，它表现为企业本身在创新上具有不易观察的特质，而利益相关者进而对信号做出响应，从而促进双方获得收益。Cantwell J（1999）认为研发国际化是指"走出去"的中国企业的研发资源在不同国家之间的跨境配置，这些资源包括知识、人力、资本及新技术。在参考大量文献的基础上，本节将研发国际化划分为研发国际化广度和研发国际化深度，提出研发国际化广度的增大使得"走出去"的中国企业可以从不同的制度环境及文化背景中习得丰富的海外运营经验，以迎合不同东道国的利益相关者，从而有助于组织合法性的提升。但是研发国际化深度的增加导致"走出去"的中国企业面临更多的东道国方面的阻力，以及自身将会暴露出更多劣势，进而对组织合法性造成损害，具体如下：

① 研发国际化广度与组织合法性

研发国际化广度体现了企业将研发子机构布局到不同发展水平

国家的分散程度（Hsu C W，2015）。在全球化大背景下，研发国际化是一项比较有声望的活动，它会产生一种从众效应，从而作为吸引其他全球公司的信号。本节研究认为研发国际化广度会对组织合法性产生正向作用，理由如下：

首先，由于各国的制度环境和生活习惯等都各不相同，"走出去"的中国企业可以从不同的地理和文化背景中获得更多的知识和信息。同时，不同的市场需求使得每个地区都有自己独有的知识体系和产品特征，地域多元化为"走出去"的中国企业更好地认识不同外部需求与趋势提供了机会。通过整合多个地区的知识网络，企业能够根据当地市场设计和开发产品（Todo Y，2008），从而不断提升其相关产品的品质，吸引东道国的利益相关者的注意，打破利益相关者对企业的刻板印象，以此获得良好的组织合法性（Sharabi M，2014），进而促进"走出去"的中国企业更好地适应东道国市场。

其次，通过布局范围更广的研发子公司，"走出去"的中国企业可以进入不同发展水平国家的创新系统，促进企业适应先进技术，并利于与客户、大学、研发机构，甚至是竞争对手建立新的联盟（Awate S，2015）。通过与外部利益相关者协作，以追求那些在内部难以实现的目标，企业的技术能力将不断得到增强，进而提高其在全球市场上的竞争力（Cantwell J，2000）。而这种技术能力的增强反过来会降低企业"走出去"的壁垒，使得东道国的利益相关者改变对新兴经济体"走出去"的中国企业的固化思维，以便持续地获得良好的合法性。

最后，研发国际化广度越大，越有利于"走出去"的中国企业获取差异化的、多样化的知识，而知识资源的分散化，有利于"走出去"的中国企业在世界范围内获取丰富的学习资源。同时，研发地域分散带来的差异化经营环境也促使企业进行深入学习，新兴经济体的"走出去"的中国企业向利益相关者发出信号，表明企业不仅愿意向他们学习，而且愿意自主地学习，让后者对高质量的项目交付有信心。基于这种信心，"走出去"的中国企业将会获得东道国市场更多的项目授权（Ray P K, 2017）。Pfarrer 等（2010）指出，当企业表现出一致的行为，产生积极的结果，并且这种结果受到东道国各利益相关者的赞赏时，就会容易获得较好的合法性。

研发国际化广度越大，表明"走出去"的中国企业越重视企业创新发展能力，向市场传递了企业竞争力存在大幅提升的可能性的良好信号，进一步吸引东道国的利益相关者，持续地获得组织合法性。因此提出假设：

H1a：研发国际化广度对组织合法性产生显著的正向影响。

② 研发国际化深度与组织合法性

研发国际化深度体现了"走出去"的中国企业研发活动布局海外的程度（Hsu C W, 2015），反映了"走出去"的中国企业海外研发子公司的数量。企业研发国际化深度越大，内部不可观察的特质越多，信号质量越低，相关信息的编码、解码难度越大，信号接收者即外部利益相关者与企业之间的信息不对称程度越高，利益相关者就越会对"走出去"的中国企业持怀疑态度，进一步阻碍企业在东道国组织合法性的获取。因此本节研究认为研发国际化深度对组织合法性具有负向影响，理由如下：

首先，"走出去"的中国企业在目标东道国不断加大对研发国际化深度的投入，一个很重要的目的是获取东道国先进的技术，也就是技术导向；但是，东道国的先进技术通常被当地的大学、科研机构、供应商及其他复杂的机构所隐藏,这些群体受到当地文化习俗和不同偏好的影响。"走出去"的中国企业要想更好地吸收消化隐性知识,需要把研发子公司深深嵌入到本土的关系网中(Phene A,2008),这在无形中增加了运营成本。而以技术为导向的研发国际化行为尽管较好地把握了先进技术,但由于缺少对当地利益相关者需求的适应性而导致企业忽略客户与技术间所具有的内在关系(汪涛,2004),因而会造成利益相关者对"走出去"的中国企业产生负面评价,不利于组织合法性的获取。

其次,企业增加海外对研发国际化深度的投资也将使新兴经济体的"走出去"的中国企业面临更多的外来者劣势。在进行技术创新时,企业会面临相当大的外部环境不确定性,导致企业沟通和协调成本增加(Mors M L,2010)。同时,新兴经济体的"走出去"的中国企业通常因为其对东道国市场了解不充分以至于不能有效利用东道国市场的机构来保护自身知识产权,导致其在技术创新过程中遭受核心知识泄露(Sanna R F,2007),从而影响外部利益相关者对"走出去"的中国企业的质量评价。

最后,组织合法性被视为企业的关键性资源之一,身处东道国和母国两种制度环境下的"走出去"的海外研发机构会同时面临内、外部组织合法性需求。由于制度文化差距存在,这两种需求往往是冲突和相互竞争的。"走出去"的中国企业一方面需要获得国内母公司的支持和认可,从而获得更多的资源倾斜;但同时其面临的来源国劣势又会使得其对组织合法性产生较大的需求,以获取来自目标东道国的知识、技术和制度支持(Ramamurti,2012)。但这种研发国际化本身所具有的高知识独占和高风险共享的特点会增加组织合法性需求的复杂性(Richards M,2007),使得"走出去"的中国企业难以获取组织合法性。

"走出去"的中国企业研发国际化深度越大，自身将会暴露更多问题，东道国层面也会施加更多的压力，这不利于促进"走出去"的中国企业组织合法性的获取，因此提出假设：

H1b：研发国际化深度对组织合法性产生显著的负向影响。

（2）国际化速度的调节作用

考虑到研发过程内在特征的不可观察性，外部利益相关者在看待"走出去"的中国企业的研发国际化活动时，往往依靠可观察到的可能与研发项目的成功直接相关的企业特征，而这些企业外露的特征可能与研发活动的成功与否密切相关（Belderbos R，2015）。企业的研发国际化战略对于企业组织合法性的获取具有重要作用，本节研究认为国际化速度会调节研发国际化对组织合法性的影响，理由如下：

首先，过快的国际化速度使得"走出去"的中国企业缺乏足够多的时间来开发相应的知识转移程序，因而"走出去"的中国企业无法有效地解决在东道国面临的产品定制和项目处理等相关问题（Vermeulen F，2002）。"走出去"的中国企业海外研发的深度越大，企业越需要具有良好的学习吸收能力，但是研发国际化速度过快会使企业仓促获得当地知识。企业又会因为自身吸收理解能力上的不足导致无法掌握所得技术，面临时间压缩不经济的困境（Jiang，2014），从而阻碍企业海外研发机构对东道国知识的正确理解，导致研发国际化带来的知识溢出效应受到严重损坏，影响研发机构获取的知识从子公司向母公司转移（Zeng Y，2013），导致"走出去"的中国企业的实际运营效率降低，并使得东道国利益相关者对企业的好感降低。

其次,随着"走出去"的中国企业研发国际化的广度不断增大,企业所要面对的复杂多样的环境增多,此时企业在全球不同发展水平的国家都建立了研发机构,但是研发国际化速度过快将使得企业无法及时调整战略资源和能力,从而难以更好地融入海外市场。此外,企业的国际化速度过快使得"走出去"的中国企业没有足够的时间来总结经验和反思过去的错误,使其难以应对环境变化和重组思维地图、组织结构系统,以及流程(Barkema H,1998),这会导致企业管理不善,增加"走出去"的中国企业国际战略失败的风险。

再次,国际化速度过快可能会在一定程度上抑制"走出去"的中国企业对目标东道国中间商需求的投入,影响上下游经营专业化和效率所产生的溢出效应(Lin P,2007)。国际扩张过快使得"走出去"的中国企业没有足够的时间与东道国企业建立强大的社会关系网络(Andersson U,2002)。与此同时,东道国本土企业也难以解码、解释和吸收"走出去"的中国企业带来的知识,缺乏足够的时间了解"走出去"的中国企业的需求,不利于中国企业与东道国利益相关者的合作共处,因此会影响"走出去"的中国企业在利益相关者眼中的印象,不利于持续地获得组织合法性。

最后,过快的国际化速度会使得目标东道国的利益相关者对"走出去"的中国企业的动机产生怀疑,外部利益相关者可能会认为"走出去"的中国企业想快速占领东道国的市场,获取巨额利润,会为东道国本土企业带来巨大的生存压力。更甚之,东道国的利益相关者会觉得国际化速度过快是因为"走出去"的中国企业想在东道国市场进行产品倾销,以减少其母国公司的库存,这些可能会造成东道国利益相关者对于"走出去"的中国企业的抵制行为,不利于组织合法性的获取。

总体来看，过快的国际化速度会削弱研发国际化广度对企业组织合法性的正向作用，同时会增强研发国际化深度对组织合法性的负向作用，不利于"走出去"的中国企业组织合法性的获取。因此提出假设：

H2a：国际化速度削弱了研发国际化广度对组织合法性的正向作用；

H2b：国际化速度增强了研发国际化深度对组织合法性的负向作用。

（3）国际化节奏的调节作用

研发国际化作为企业学习和吸收西方发达国家先进技术的重要手段，是"走出去"的中国企业提升自身核心竞争力的重要途径。"走出去"的中国企业在海外扩张中，会因为企业自身资源及东道国的经营环境的差异呈现出不同的国际化进程（Casillas J C，2012）。企业国际化战略决策的制订基于其对内外部环境的深入分析，企业需要对自身资源进行有效配置，本节研究认为国际化节奏会调节研发国际化对组织合法性的影响，理由如下：

首先，有规则的国际化进程使得"走出去"的中国企业可以充分利用自身的吸收能力，通过反思和总结研发、生产及销售等活动中遇到的问题，将经验内化为企业的核心竞争力，获得东道国利益相关者的认可（Lin W T，2013）。同时，有规则的国际化进程使得"走出去"的中国企业可以采用新的商业实践和业务流程来克服遇到的影响企业创新的各种阻碍，并有助于"走出去"的中国企业开展更大规模的研发项目（Loane S，2007）。另外，如果企业的国际化进程是可预测的和有规律的，企业就会因为自己始终如一的步调获得积极结果，这些结果会得到不同利益相关者的赞赏，从而让企业持续地获得外部的组织合法性（Mukherjee D，2018）。这时，东道国当地的企业就能据此更好地制订战略并成功地适应即将到来的竞争（Wang C，2012），进而有助于促进"走出去"的中国企业开展新一轮海外扩张。

其次，研发国际化的广度不断加大使得"走出去"的中国企业需要有效解决日常工作中由于文化多样性、需求多样性等带来的现实问题，这需要企业与利益相关者进行充分有效的互动沟通。但是不规则的国际化进程往往会造成企业需要耗费更多的时间和精力投入到海外运营中，导致企业超负荷工作，这使得其在短期内无法准确分配资源和处理复杂问题（Lin W T，2014），不能有效解决东道国利益相关者所存在的各种问题，这降低了东道国利益相关者对"走出去"的中国企业的认可度和信任度，削弱了研发国际化广度带来的组织合法性的提升。

最后，研发国际化的纵深发展往往需要"走出去"的中国企业充分利用自身的学习能力，不断克服研发活动中遇到的各种难题。不规则的国际扩张模式使得跨国企业在扩张高峰期间可能会面临时间压缩不经济的难题，并可能忽视之前的扩张结果，这会削弱企业的知识吸收能力（Vermeulen F，2002）。而在扩张低谷期企业会因为缺乏实践导致思维模式固化，不利于企业能力的提升（Klarner P，2013），并增强研发国际化深度对组织合法性的负向作用。

综上所述，不规则的国际化扩张模式使得"走出去"的中国企业无法发挥可预测性带来的优势，会调节研发国际化对组织合法性的作用。因此提出假设：

H3a：国际化节奏削弱了研发国际化广度对组织合法性的正向作用；

H3b：国际化节奏增强了研发国际化深度对组织合法性的负向作用。

基于以上分析，"走出去"的中国企业进行研发国际化活动的实质是获取全球创新资源，共担新产品开发过程中未知的问题和风险，从而最大化全球价值链的收益，满足不同东道国目标市场的多样化需求。故本节研究基于现有的理论研究，把研发国际化划分为广度及深度，基于信号理论和利益相关者理论，提出研发国际化的两个维度会对组织合法性具有各不相同的影响，并进一步将"走出去"的中国企业的国际化速度及国际化节奏纳入情境因素考虑，提出相应假设。第一，研发国际化广度对组织合法性产生显著的正向影响，研发国际化深度对组织合法性产生显著的负向影响。第二，国际化速度削弱了研发国际化广度对组织合法性的正向作用，增强了研发国际化深度对组织合法性的负向作用。第三，国际化节奏削弱了研发国际化广度对组织合法性的正向作用，增强了研发国际化深度对组织合法性的负向作用。本节研究的理论模型如图3-3所示。

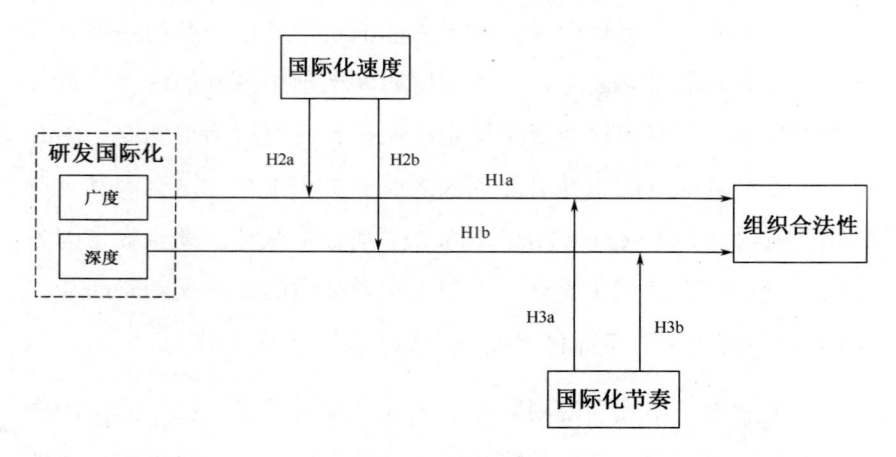

图3-3 理论模型

3.3.3 研究设计

（1）样本选择与数据来源

借鉴现有的关于研发国际化的研究，子研究 3 的样本选择了沪深两市 A 股上市且海外研发较为活跃的信息传输、软件和信息技术服务业企业（李梅，2019），其中包括互联网和相关服务业，软件和信息技术服务业，以及电信、广播电视和卫星传输服务业三个主要大类。行业类别及行业大类主要依据中国证券监督管理委员会所发布的行业分类标准，所选行业的企业总体上属于知识密集型企业，企业对研发活动的投入占比相对较高，因此比较契合研发国际化相应研究的样本选择标准。

企业的研发国际化行为从中华人民共和国商务部发布的《境外投资企业（机构）备案结果公开名录》中手工检索获得，考虑到 2016 年之后由于数据库端口升级，商务部不再公布企业的海外投资情况，本节研究将样本的研究年份选取为 2011—2015 年。总体来说，样本的数据选取主要遵从如下五个原则：

① 从《境外投资企业（机构）备案结果公开名录》筛选出信息传输、软件和信息技术服务业的企业，从而获得本节研究的初始样本；

② 检索出样本企业在发达国家及发展中国家设立海外研发机构的事件，具体筛选依据为其海外子公司的经营范围，包括研发、技术引进、技术研发、技术开发、技术协助、技术研究、先进技术、技术进出口等与研发相关的关键词；

③ 剔除企业海外研发的目的地在开曼群岛、百慕大等地区的相关数据；

④ 剔除被标记为 ST、ST*的样本企业；

⑤ 剔除数据出现异常及内容缺失较多的样本企业。

基于以上筛选原则，本节研究共获得 101 家信息传输、软件和信息技术服务业企业的 2011—2015 年总计 5 年的平衡面板数据。除了研发国际化及企业海外子公司的所用数据来自《境外投资企业（机构）备案结果公开名录》，组织合法性的数据源于谷歌搜索，企业的其他数据源于 CSMAR 数据库、万得数据库（Wind）、和讯网、上市公司年报及公司官方网站等渠道。

（2）变量测量

① 被解释变量

本节研究的被解释变量为组织合法性（OL）。借鉴 Sinnewea 和 Niblock（2015）及 Hogarth（2018）的研究，基于新闻报道使用不平衡系数来计算样本企业在给定年份的组织合法性，数据的具体操作步骤如下：

第一步：在谷歌搜索的高级检索页面，根据具体年度以企业名称作为关键词进行精确检索，把相关性排名最靠前的 100 个英文新闻作为分析样本；

第二步：对获取到的有关该企业的新闻报道展开编码（分为积极的、中立的及消极的三种），以计算媒体语气得分。在对媒体语气进行评价时，首先通过本人对所获报道展开评估，在此基础上，课题组另一成员对此进行再次评估，如果两人的结论有偏差，则借助第三个成员进行评估，从而使得分析结论更加可靠。

第三步：使用不平衡系数计算得分，以此量化组织合法性。不平衡系数的计算方法如下。

$$\text{Coefficient of imbalance} = \begin{cases} \dfrac{P^2 - PN}{T^2}, & \text{if } P > N \\ 0, & \text{if } P = N \\ \dfrac{PN - N^2}{T^2}, & \text{if } N > P \end{cases} \quad (3\text{-}23)$$

其中，P 为积极新闻报道数量，N 为消极新闻报道数量，T 是 P 与 N 之和。

总体来说，不平衡系数相应的得分区间为（-1，1），若负面报道越多，系数值越接近-1，企业组织合法性越低；若正面报道越多，系数值越接近 1，企业组织合法性越高。同时，为了减少内生性对研究结果带来的不利影响，本节研究对被解释变量的数据均采用滞后一年处理。

② 解释变量

本节研究的解释变量为研发国际化，分为研发国际化广度和研发国际化深度。

研发国际化广度（Breadth）是指"走出去"的中国企业在世界不同发展水平的国家或地区布局研发活动来整合各种知识资源的程度，借鉴 Hsu 等（2015）的研究，本节研究以 Blau 异质性指数对研发国际化广度进行测量，测量方式见公式 3-24。

$$D = 1 - \sum_{i=1}^{N} P^2_i \quad （3\text{-}24）$$

其中 P_i=1 为研发子公司在发达国家的比例，P_i=2 为研发子公司在发展中国家的比例。在本节研究中，东道国的国家发展程度依据国际货币基金组织发布的发达国家名单来进行划分。

企业的研发国际化深度（Depth）是指"走出去"的中国企业对海外研发活动的依赖程度，表现为"走出去"的中国企业不断增加海外研发子公司的数量以加强与外部利益相关者的合作。研发国际化深度体现了"走出去"的中国企业将研发活动布局海外的程度，企业研发国际化越深入，国外研发子公司越多。因此，借鉴现有关于研发国际化深度测量的研究，本节研究用"走出去"的中国企业所控制的国外研发子公司的年度数量对研发国际化深度展开衡量。

③ 调节变量

本节研究的调节变量为国际化速度和国际化节奏。国际化速度及国际化节奏分别从不同角度动态地展现出企业的国际化进程，关注企业如何在海外进行扩张，也就是企业应当选择采用什么样的国际化进程。其中，国际化速度是指企业在一定时间内国际化的变化程度，反映了企业国际化过程中时间维度的快慢；国际化节奏是指企业海外扩张模式的规则性与连贯性（任鸽，2019），国际化速度和国际化节奏的测量方式如下：

国际化速度（IS）参考钟熙等（2018）、Xie等（2016）学者的已有研究，本节研究中国际化速度通过企业的海外销售收入占年度总销售收入的比例来测量，两者之间的比值大小体现了企业的国际化速度，比值越大，表明企业国际化速度越快。

国际化节奏（IR）体现了企业海外扩张模式的规则性与连贯性，参考学界学者关于国际化节奏的研究（王益民，2018），本节研究采用公式 3-25 对国际化节奏进行测算。

$$R = \left[\frac{n(n+1)}{(n-1)(n-2)(n-3)}\sum\left(\frac{x_i-\bar{x}}{s}\right)^4\right] - \frac{3(n-1)^2}{(n-2)(n-3)} \quad (3\text{-}25)$$

在公式 3-25 中，n 代表了本节研究观测值的数目；x_i 代表了样本企业第 i 年的海外扩张子公司的个数；$\sum\left(\frac{x_i-\bar{x}}{s}\right)^4$ 代表了 4 年窗口期内企业海外扩张子公司个数的平均值；s 代表了海外扩张子公司个数的标准差。国际化节奏的计算需要基于 4 年的窗口期，例如，企业 2011 年的国际化节奏基于 2011 年到 2014 年的海外扩张子公司个数进行计算，高数值传达出企业的国外扩张的不连贯与不规律。

④ 控制变量

组织合法性的影响因素除了研发国际化、国际化速度和国际化节奏等变量，还会受到其他相关变量的影响，结合现有文献的建议并根据本节研究的实际需要，本节研究选取以下七个变量作为本节研究的控制变量：

企业绩效（Roa），反映了企业在考察期间所对应的经营效益水平，本节研究通过样本企业的资产收益率来对企业绩效展开测量，即用净利润占资产总额的比例展开测算。

盈利能力（Profitability），反映了企业资产的创收能力，用净利润占期初、期末平均总资产的比值来衡量。

营销强度（M），体现了企业获得某种水平的销售收入所耗费的营销成本，用销售费用占营业收入的比率来衡量。

企业规模（Size），对样本企业期末总资产的数值进行对数处理，以此对企业规模进行测量。

企业年龄（Age），用企业注册成立日期到考察年度的时间年限衡量。

企业慈善捐赠（Donation），通过对企业实际捐赠额取对数来衡量，若捐赠额为 0，则加 1 后再取对数。

所有权性质（Sta），如果跨国企业是国有及国有控股企业，就相应地赋值为 1，否则赋值为 0。

（3）回归模型构建

本节研究基于文献综述及理论推导共提出了 6 个假设，其中研发国际化广度对组织合法性具有正向作用，而研发国际化深度对组织合法性具有负向作用。同时，研究提出了企业国际化及国际化节奏的调节效应，并进一步明确了各变量的代理变量。本节研究将构建多元回归模型以进一步验证所提假设，模型具体如下：

① 研发国际化与组织合法性的关系模型

本节研究通过理论推导提出了研发国际化广度对组织合法性有正向作用，研发国际化深度对组织合法性具有负向作用，并构建出以下主效应模型：

$$OL_{it+1} = \beta_0 + \beta_1 \sum Controls_{it} + \varepsilon_{it} \quad （3\text{-}26）$$

$$OL_{it+1} = \beta_0 + \beta_1 Breadth_{it} + \beta_2 \sum Controls_{it} + \varepsilon_{it} \quad （3\text{-}27）$$

$$OL_{it+1} = \beta_0 + \beta_1 Depth_{it} + \beta_2 \sum Controls_{it} + \varepsilon_{it} \quad （3\text{-}28）$$

$$OL_{it+1} = \beta_0 + \beta_1 Breadth_{it} + \beta_2 Depth_{it} + \beta_3 \sum Controls_{it} + \varepsilon_{it} \quad （3\text{-}29）$$

公式 3-26 反映了控制变量对组织合法性的影响，公式 3-27 在 3-26 的基础上加入研发国际化广度，对应 H1a，公式 3-28 在公式 3-26 的基础上加入研发国际化深度，对应 H1b，公式 3-29 进一步将研发国际化广度及研发国际化深度同时纳入考虑，以进一步验证 H1a 和 H1b。其中，OL_{it+1} 表示滞后一年的组织合法性，$Breadth_{it}$ 表示研发国际化广度，Depth$_{it}$ 表示研发国际化深度，Controls$_{it}$ 表示对组织合法性产生影响的控制变量。

② 国际化速度的调节作用模型

为了验证国际化速度的调节作用，本节以组织合法性作为被解释变量，以研发国际化广度及研发国际化深度作为解释变量带入模型，在此基础上分别引入研发国际化广度与国际化速度的乘积项、研发国际化深度与国际化速度的乘积项，设置以下模型：

$$OL_{it+1} = \beta_0 + \beta_1 Breadth_{it} + \beta_2 Speed_{it} + \beta_3 \sum Controls_{it} + \varepsilon_{it} \quad (3-30)$$

$$OL_{it+1} = \beta_0 + \beta_1 Breadth_{it} + \beta_2 Speed_{it} + \beta_3 \overline{Breadth_{it}} \times \overline{Speed_{it}} + \beta_4 \sum Controls_{it} + \varepsilon_{it} \quad (3-31)$$

$$OL_{it+1} = \beta_0 + \beta_1 Depth_{it} + \beta_2 Speed_{it} + \beta_3 \sum Controls_{it} + \varepsilon_{it} \quad (3-32)$$

$$OL_{it+1} = \beta_0 + \beta_1 Depth_{it} + \beta_2 Speed_{it} + \beta_3 \overline{Depth_{it}} \times \overline{Speed_{it}} + \beta_4 \sum Controls_{it} + \varepsilon_{it} \quad (3-33)$$

公式 3-31 在公式 3-30 的基础上加入了中心化后的研发国际化广度和国际化速度的乘积项，对应 H2a，公式 3-32 在公式 3-30 的基础上加入了中心化后的研发国际化深度和企业国际化速度的乘积项，对应 H2b。其中 OL_{it+1} 表示滞后一年的组织合法性，Breadth$_{it}$ 表示研发国际化广度，Depth$_{it}$ 表示研发国际化深度，Speed$_{it}$ 表示国际化速度，$\overline{Breadth_{it}} \times \overline{Speed_{it}}$ 和 $\overline{Depth_{it}} \times \overline{Speed_{it}}$ 分别表示中心化处理后的研发国际化广度和企业国际化速度的乘积项及研发国际化深度和企业国际化速度的乘积项，Controls$_{it}$ 表示对组织合法性产生影响的控制变量。

③ 国际化节奏的调节作用模型

同理，为了验证国际化节奏的调节作用，本节设置以下模型：

$$OL_{it+1} = \beta_0 + \beta_1 Breadth_{it} + \beta_2 Rhythm_{it} + \beta_3 \sum Controls_{it} + \varepsilon_{it} \quad (3\text{-}34)$$

$$OL_{it+1} = \beta_0 + \beta_1 Breadth_{it} + \beta_2 Rhythm_{it} + \beta_3 \overline{Breadth_{it}} \times \overline{Rhythm_{it}} + \beta_4 \sum Controls_{it} + \varepsilon_{it} \quad (3\text{-}35)$$

$$OL_{it+1} = \beta_0 + \beta_1 Depth_{it} + \beta_2 Rhythm_{it} + \beta_3 \sum Controls_{it} + \varepsilon_{it} \quad (3\text{-}36)$$

$$OL_{it+1} = \beta_0 + \beta_1 Depth_{it} + \beta_2 Rhythm_{it} + \beta_3 \overline{Depth_{it}} \times \overline{Rhythm_{it}} + \beta_4 \sum Controls_{it} + \varepsilon_{it} \quad (3\text{-}37)$$

公式 3-35 在公式 3-34 的基础上加入了中心化后的研发国际化广度和企业国际化节奏的乘积项，对应 H3a，公式 3-36 在公式 3-34 的基础上加入了中心化后的研发国际化深度和国际化节奏的乘积项，对应 H3b。其中，OL_{it+1} 表示滞后一年的组织合法性，$Breadth_{it}$ 表示研发国际化广度，$Depth_{it}$ 表示研发国际化深度，$Rhythm_{it}$ 表示国际化节奏，$\overline{Breadth_{it}} \times \overline{Rhythm_{it}}$ 和 $\overline{Depth_{it}} \times \overline{Rhythm_{it}}$ 分别表示中心化处理后的研发国际化广度和国际化节奏的乘积项及研发国际化深度和国际化节奏的乘积项，$Controls_{it}$ 表示对组织合法性产生影响的控制变量。

3.3.4 数据分析与模型验证

（1）数据的描述性统计

本节研究首先对涉及的变量做描述性统计分析，结果见表 3-25。从表中可知组织合法性的均值为 0.1795，标准差为 0.236，表明样本企业之间组织合法性的差异较为明显。因此，提升走出去的中国企业组织合法性刻不容缓。研发国际化广度的均值为 0.0561，标准差为 0.0583，研发国际化深度的均值为 2.1782，标准差为 1.92，表明不同企业的研发国际化广度存在较大的差异，但是研发国际化深度差异相对较小。国际化速度的均值为 0.2528，标准差为 0.2217，表明不同企业的国际化速度差异较小。国际化节奏的均值为 0.3995，标准差为 0.214，表明不同企业的国际化节奏差异较小。

表 3-25　变量描述性统计分析

名称	代码	观测数	均值	标准差	最小值	最大值
组织合法性	OL	505	0.1795	0.236	-0.87	0.78
研发国际化广度	Breadth	505	0.0561	0.0583	0.001	0.87
研发国际化深度	Depth	505	2.1782	1.92	1	14
国际化速度	IS	505	0.2528	0.2217	0.001	0.8039
国际化节奏	IR	505	0.3995	0.214	0.0076	0.9956
企业绩效	Roa	505	0.0944	0.0836	0.0019	0.78
盈利能力	Profitability	505	0.0568	0.0583	0.008	0.58
营销强度	M	505	0.2184	0.1448	0.0064	0.69
企业年龄	Age	505	12.8515	5.1493	2	27
企业规模	Size	505	9.5785	0.5314	7.2777	11.7891
企业慈善捐赠	Donation	505	5.653	6.6147	0	20.9473
所有权性质	Sta	505	0.297	0.4574	0	1

表 3-26 列出了本节研究所用样本的企业年龄情况，以 2011 年为考察期，来描述样本企业的年龄分布。从统计结果可以看出，企业年龄区间分布在 6～10 年和 11～15 年的样本最多，各占总样本的 29.70%，企业年龄在 21 年及以上的样本数量最少，占总样本的 1.98%，说明开展研发国际化的信息技术业企业总体上较为年轻，更热衷于加大研发力度，以此获得竞争优势。

表 3-26　样本企业年龄分布情况

企业年龄	样本企业数（个）	百分比
0～5 年	20	19.80%
6～10 年	30	29.70%
11～15 年	30	29.70%
16～20 年	19	18.81%
21 年及以上	2	1.98%
合计	101	100%

表 3-27 为样本企业的所有权性质情况，可以看出，国有及国有控股企业共有 30 家，占比 29.70%，而非国有及非国有控股企业共有 71 家，占比 70.30%，说明我国信息技术业开展研发国际化的企业以非国有及非国有控股企业为主，其渴望获取前沿技术。

表 3-27　样本企业所有权性质分布情况

所有权性质	样本企业数（个）	百分比
国有及国有控股企业	30	29.70%
非国有及非国有控股企业	71	70.30%
合计	101	100%

（2）相关性分析

表 3-28 为本节研究相关变量的 Pearson 相关性分析，从分析结果可以看出，研发国际化广度与组织合法性显著正相关（系数为 0.324，$p<0.05$），即研发国际化广度增加，对组织合法性具有正向作用；研发国际化深度与组织合法性显著负相关（系数为-0.214，$p<0.01$），即研发国际化深度增加，对组织合法性具有负向作用，H1a 和 H1b 得到了初步验证。

表 3-28 Pearson 相关性分析结果

	1	2	3	4	5	6	7	8	9	10	11	12
1.OL	1.000											
2. Breadth	0.324**	1.000										
3. Depth	-0.214***	-0.081*	1.000									
4.IS	-0.080**	-0.011	0.047	1.000								
5.IR	-0.055*	0.043	0.045	0.047	1.000							
6. Roa	0.255**	0.507**	-0.062	-0.052	-0.057	1.000						
7. Profitability	0.119***	0.727***	-0.038	-0.044	0.033	0.612***	1.000					
8.M	0.220***	0.206***	-0.022	-0.034	0.01()	0.101**	0.144*	1.000				
9. Age	0.017	-0.110**	-0.015	0.021	-0.022	-0.003	0.122**	0.227**	1.000			
10. Size	0.048	-0.033	0.115***	0.039	-0.016	0.092**	-0.134	-0.186***	0.160**	1.000		
11. Donation	0.174***	-0.117***	-0.032	0.01	0.003	-0.027	0.132**	-0.053	0.160**	0.318***	1.000	
12.Sta	-0.007	-0.111**	-0.056	0.055	-0.029	-0.021	-0.163*	-0.185*	0.208*	0.417**	0.109**	1.000

注：*P<0.1；**P<0.05；***P<0.01（双尾检验）。

与此同时，企业绩效、盈利能力、营销强度、企业慈善捐赠等控制变量也与组织合法性显著相关，表明与研发国际化对于组织合法性所起的作用相比，控制变量较为合理。此外，本节研究进一步通过方差膨胀因子（VIF）来检验数据是否具有多重共线性的问题，检验结果如表 3-29 所示。从检验结果可以看出，各个变量的 VIF 值都小于 5，且平均值为 1.46，容忍度都小于 1，从而说明各解释变量之间不存在明显的多重共线性的问题，变量设定相对较为合理，适合进行下一步的回归分析。

表 3-29 多重共线性检验表

变量	方差膨胀因子	容忍度
盈利能力	2.76	0.3628
研发国际化广度	2.26	0.4423
企业绩效	1.74	0.576
企业规模	1.47	0.678
所有权性质	1.29	0.7756

续表

变量	方差膨胀因子	容忍度
企业慈善捐赠	1.15	0.8661
营销强度	1.14	0.8804
企业年龄	1.12	0.8946
研发国际化深度	1.05	0.9487
国际化速度	1.02	0.9837
国际化节奏	1.01	0.9881
平均值	1.46	0.7633

（3）多元线性回归分析

在处理面板数据时，首先需要解决是采用固定效应还是随机效应的问题。基于此，本节研究首先利用 Stata15.0 统计软件进行 F 检验，结果显示 P 值为 0.0000，因此拒绝采用混合回归的原假设，使用固定效应的效果更好。在此基础上，进一步利用 Hausman 检验来判断是采用固定效应还是随机效应，Hausman 检验结果见表 3-30，结果显示 P 值为 0.0000。因此，本节研究选择固定效应回归模型，同时采用异方差-稳健标准误对 t 统计量进行计算，以尽可能减少异方差和自相关对模型产生的影响。

表 3-30 Hausman 检验结果

Test	Chi2（11）	Prob	Number of obs
Hausman 检验	94.43	0.0000	505

① 研发国际化与组织合法性

表 3-31 为研发国际化与组织合法性的回归分析检验结果。其中模型 1 只纳入了企业绩效、盈利能力、营销强度、企业年龄、企业

规模、企业慈善捐赠、所有权性质等控制变量。从回归结果可以看出，模型 1 的显著性水平小于 0.01，调整 R 方为 0.4319，其中企业绩效（β=0.4753，p＜0.05）、营销强度（β=2.2547，p＜0.01）、企业年龄（β=0.0208，p＜0.1）、企业慈善捐赠（β=0.0103，p＜0.01）对等变量对组织合法性具有显著的正向作用。

表 3-31　研发国际化与组织合法性回归分析

变量	组织合法性			
	模型 1	模型 2	模型 3	模型 4
研发国际化广度		1.2207**		1.018***
研发国际化深度			−0.073***	−0.0688***
企业绩效	0.4753**	0.4663***	0.3152*	0.3168**
盈利能力	−0.1487	−0.8145**	−0.2168	−0.7681**
营销强度	2.2547***	1.8445***	1.6149***	1.3096***
企业年龄	0.0208*	0.0271*	0.0125**	0.0183**
企业规模	−0.017	−0.0667	−0.0072	−0.0493
企业慈善捐赠	0.0103***	0.0104***	0.006***	0.0063***
所有权性质	Yes	Yes	Yes	Yes
常数项	−0.5124	−0.0576	−0.1574	0.2014
观测数	505	505	505	505
调整 R 方	0.4319	0.474	0.5413	0.5702
F 值	29.93***	37.41***	39.57***	43.40***

注：*p<0.1，**p<0.05，***p<0.01。

模型 2 在模型 1 的基础上加入了自变量研发国际化广度，调整 R 方由 0.4319 提升到了 0.474，且显著性水平小于 0.01，所以相比于模型 1，模型 2 的解释能力更强，且研发国际化广度对组织合法性具有显著的正向影响（β=1.2207，p＜0.05），所以，本节研究的 H1a

得到验证。模型 3 在模型 1 的基础上加入了自变量研发国际化深度，调整 R 方由 0.4319 提升到了 0.5413，且显著性水平也小于 0.01，因此模型的解释能力也有所提高，研发国际化深度与组织合法性之间的负向作用显著（β=-0.073，p＜0.01）。因此，假设 H1b 成立。模型 4 在模型 1 的基础上同时纳入研发国际化广度及研发国际化深度，调整 R 方由 0.4319 提升到了 0.5702，F 值为 43.40，且显著性水平也小于 0.01，研发国际化广度与组织合法性具有显著正向作用（β=1.018，p＜0.01），研发国际化深度与组织合法性之间的负向作用显著（β=-0.0688，p＜0.01）。因此，这进一步验证了假设 H1a 和 H1b。

② 国际化速度的调节作用

在构造乘积项之前，本节研究首先对研发国际化广度、研发国际化深度及国际化速度进行相应中心化处理，并在此基础上进一步验证国际化速度对研发国际化与组织合法性之间所起到的调节作用，检验结果如表 3-32 所示。模型 5 在已有模型 2 的基础上引入调节变量国际化速度，模型 6 则进一步在模型 5 的基础上引入研发国际化广度与国际化速度的乘积项。从表中可以看出，研发国际化广度和国际化速度的乘积项系数显著为正（β=2.4986，p＜0.01），国际化速度强化了研发国际化广度对组织合法性的正向作用，因而本节研究进一步绘制了国际化速度对研发国际化广度与组织合法性的调节效应图，如图 3-4 所示。但是本节研究的假设 H2a 为国际化速度会削弱研发国际化对组织合法性的正向作用，乘积项的系数应当为负数，因此 H2a 没有得到验证。

第3章 出海远行：中国企业组织合法性获取的国际化探索

表3-32 国际化速度的调节作用回归分析

变量	组织合法性			
	模型5	模型6	模型7	模型8
研发国际化广度	1.2027**	13347***		
研发国际化深度			-0.0719***	-0.0704***
国际化速度	-0.083**	-0.0746*	-0.0675*	-0.0422
研发国际化广度×国际化速度		2.4986***		
研发国际化深度×国际化速度				-0.0917***
企业绩效	0.466***	0.463**	0.3174*	0.3396*
盈利能力	-0.8482**	-0.8774***	-0.2511	-0.3639
营销强度	1.887***	1.9154***	1.6548***	1.6143***
企业年龄	0.0273***	0.0261***	0.0129**	0.0093
企业规模	-0.0694	-0.0736	0.0017	0.0002
企业慈善捐赠	0.0102***	0.0103***	0.006***	0.0067***
所有权性质	Yes	Yes	Yes	Yes
常数项	-0.0182	0.0224	-0.1256	-0.1753
观测数	505	505	505	505
调整R方	0.481	0.4947	0.5458	0.6015
F值	34.8***	33.14***	36.73***	35.25***

注：*p<0.1，**p<0.05，***p<0.01。

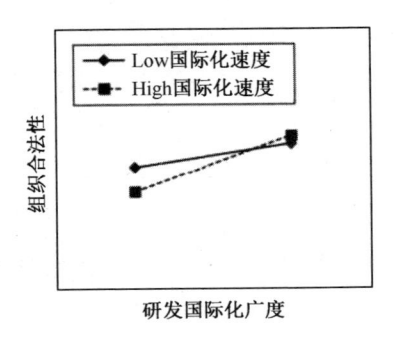

图3-4 国际化速度对研发国际化广度与组织合法性的调节作用

模型 7 在模型 3 的基础之上纳入了国际化速度这一调节变量。模型 8 在模型 7 的基础之上引入了研发国际化深度与国际化速度的乘积项，从回归结果可以看出，研发国际化深度与国际化速度的乘积项系数为-0.0917（p<0.01），说明国际化速度会增强研发国际化深度对组织合法性的负向作用，所以 H2b 得到了验证。

本节研究为了更加直观地描述与展示国际化速度对研发国际化深度及组织合法性的调节作用，进一步绘制了国际化速度对研发国际化深度与组织合法性的调节效应图，如图 3-5 所示。可以看出，国际化速度进一步强化了研发国际化深度对组织合法性的负向作用，因此假设 H2b 得到了验证。

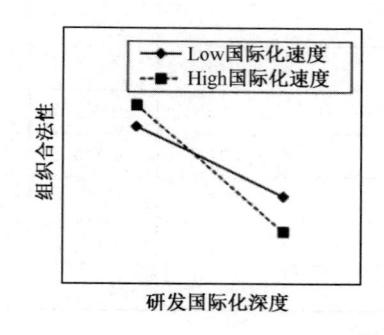

图 3-5　国际化速度对研发国际化深度与组织合法性的调节作用

③ 国际化节奏的调节作用

本节研究在对研发国际化广度、研发国际化深度及国际化节奏进行中心化处理的基础上，又进一步检验了国际化节奏对研发国际化与组织合法性之间所起到的调节作用，检验结果如表 3-33 所示。

表 3-33　国际化节奏的调节作用回归分析

变量	组织合法性			
	模型 9	模型 10	模型 11	模型 12
研发国际化广度	1.2302**	1.63***		
研发国际化深度			-0.0728***	-0.0728***
国际化节奏	-0.0452	-0.0506***	-0.0316	-0.0315
研发国际化广度×国际化节奏		-1.63***		
研发国际化深度×国际化节奏				-0.0008
企业绩效	0.4521***	0.4215**	0.3067*	0.3067*
盈利能力	-0.7921**	-0.7944**	-0.199	-0.1991
营销强度	1.8308***	1.756***	1.6105***	1.6108***
企业年龄	0.0271***	0.0266***	0.0126**	0.0125**
企业规模	-0.0626	-0.0533	-0.0044	-0.0044
企业慈善捐赠	0.0105***	0.0099***	0.0062***	0.0062***
所有权性质	Yes	Yes	Yes	Yes
常数项	-0.0762	-0.1566	-0.1728	-0.1729
观测数	505	505	505	505
调整 R 方	0.4756	0.4816	0.5415	0.5406
F 值	33.33***	31.66***	35.04***	31.58***

注：*p<0.1，**p<0.05，***p<0.01。

模型 9 在模型 2 的基础上纳入了调节变量国际化节奏，模型 10 在模型 9 的基础上进一步将研发国际化广度与国际化节奏的乘积项纳入，从中可以看出，研发国际化广度和国际化节奏的乘积项系数为-1.63（p<0.01），这表明国际化节奏会削弱研发国际化广度对组织合法性的正向作用，因而本节研究的 H3a 也得到验证。

本节研究为了形象说明国际化节奏对研发国际化广度与组织合法性的调节作用，同样绘制了国际化节奏对研发国际化广度与组织合法性的调节效应图，如图 3-6 所示。可以看出，国际化节奏进一步削弱了研发国际化广度对组织合法性的正向作用，因而假设 H3a 得到了验证。

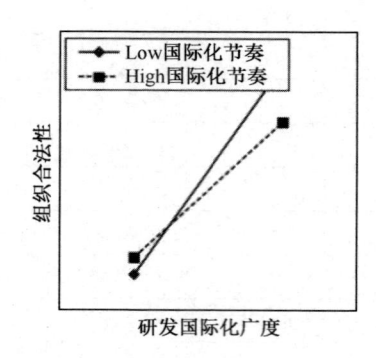

图 3-6　国际化节奏对研发国际化广度与组织合法性的调节作用

模型 11 纳入了国际化节奏这一调节变量，模型 12 进一步在此基础之上纳入研发国际化深度和国际化节奏的乘积项，从回归结果可以看出，研发国际化深度与国际化节奏的乘积项系数为负（β=-0.0008），但 P 值不显著，说明国际化节奏没有在研发国际化深度对组织合法性的作用方面起到明显的调节作用，所以假设 H3b 没有得到验证。

④　稳健性检验

为了进一步验证本节研究所得结论的可靠性，借鉴陈强远等（2020）的研究，对数据采取 1%分位上的双边缩尾处理，重新对本节的主效应和调节效应进行检验，检验结果见表 3-34、表 3-35、表 3-36。可以看出，所得结果与之前全样本的检验结果基本统一，这进一步表明了本节研究所得结论的稳健性。

表 3-34　稳健性检验结果（a）

变量	组织合法性			
	模型 1	模型 2	模型 3	模型 4
研发国际化广度		2.244*		1.407**
研发国际化深度			-0.0637**	-0.0589**
企业绩效	0.6626*	0.9103***	0.4621	0.6525**
盈利能力	1.0982*	-0.5228	0.6115	-0.3968
营销强度	1.7118***	1.4144***	1.2591***	1.1056***
企业年龄	0.0222***	0.0198***	0.0145**	0.0133**
企业规模	-0.0384	0.0127	-0.0131	0.0257
企业慈善捐赠	0.0105***	0.0091***	0.0071***	0.0065***
所有权性质	Yes	Yes	Yes	Yes
常数项	-0.2801	-0.723	-0.1281	-0.4968
观测数	470	463	465	458
调整 R 方	0.4967	0.5323	0.5935	0.6118
F 值	37.78***	37.25***	47.25***	47.77***

注：*$p<0.1$，**$p<0.05$，***$p<0.01$。

表 3-35　稳健性检验结果（b）

变量	组织合法性			
	模型 5	模型 6	模型 7	模型 8
研发国际化广度	2.2002*	2.2127		
研发国际化深度			-0.0621**	-0.0621***
国际化速度	-0.083**	-0.0806**	-0.0541	-0.0479
研发国际化广度×国际化速度		0.6606		
研发国际化深度×国际化速度				-0.0405***
企业绩效	0.914**	0.9308**	0.4209	0.473
盈利能力	-0.4763	-0.5154	0.7055	0.5806
营销强度	1.4608***	1.4702***	1.2928***	1.2729***
企业年龄	0.0202***	0.0201***	0.0154**	0.0134**
企业规模	0.0027	-0.0005	-0.023	-0.011
企业慈善捐赠	0.0086***	0.0086***	0.007***	0.0073***

续表

变量	组织合法性				
	模型 5	模型 6	模型 7	模型 8
所有权性质	Yes	Yes	Yes	Yes
常数项	-0.6203	-0.5916	-0.0395	-0.126
观测数	458	458	460	460
调整 R 方	0.5375	0.5375	0.5458	0.6027
F 值	36.39***	35.4***	41.55***	41.28***

注：*p<0.1，**p<0.05，***p<0.01。

表 3-36　稳健性检验结果（c）

变量	组织合法性			
	模型 9	模型 10	模型 11	模型 12
研发国际化广度	2.1746*	2.1748**		
研发国际化深度			-0.0613**	-0.0615**
国际化节奏	-0.0126	-0.0139	-0.0115	-0.0111
研发国际化广度×国际化节奏		-0.3582*		
研发国际化深度×国际化节奏				0.0064
企业绩效	0.9453***	0.9358***	0.5984*	0.5898*
盈利能力	-0.6415	-0.618	0.4421	0.456
营销强度	1.4258***	1.4208***	1.2742***	1.2721***
企业年龄	0.0196***	0.0196***	0.0138**	0.0139**
企业规模	0.0163	0.0167	-0.0046	-0.0052
企业慈善捐赠	0.0095***	0.005***	0.0067***	0.0067***
所有权性质	Yes	Yes	Yes	Yes
常数项	-0.7484	-0.7505	-0.2057	-0.2001
观测数	454	454	455	455
调整 R 方	0.5302	0.5294	0.589	0.5882
F 值	31.42***	27.76***	40.57***	37.6***

3.3.5 本节结果讨论

本节研究基于现有理论，研究了"走出去"的中国企业研发国际化广度及研发国际化深度对组织合法性的作用，并进一步将国际化速度和国际化节奏纳入情境因素展开研究，共提出 6 个假设，利用中国沪深 A 股上市的信息技术业企业 5 年的平衡面板数据进行了统计检验，其中有 4 个假设得到验证，2 个假设没有得到验证，假设检验结果如表 3-37 所示。

表 3-37　假设检验结果汇总

假设	假设内容	结论
H1a	研发国际化广度对组织合法性产生显著的正向影响	通过
H1b	研发国际化深度对组织合法性产生显著的负向影响	通过
H2a	国际化速度削弱了研发国际化广度对组织合法性的正向作用	未通过
H2b	国际化速度增强了研发国际化深度对组织合法性的负向作用	通过
H3a	国际化节奏削弱了研发国际化广度对组织合法性的正向作用	通过
H3b	国际化节奏增强了研发国际化深度对组织合法性的负向作用	未通过

假设 H1a 得到了验证，说明研发国际化广度与组织合法性之间具有显著的正向作用。当前，越来越多的"走出去"的中国企业更大范围地在其他国家开展研发活动，研发国际化行为越分散，"走出去"的中国企业将越有机会扩充自身的知识体系，更好地把控世界先进技术发展的趋势，海外运营经验也将不断得到丰富，从而会更好地识别企业当前的机会与挑战。除此之外，"走出去"的中国企业将在世界范围内遇到更多学习、模仿及合作对象，也会有更多的途

径和机会来获取不同国家的技术知识，并通过不断地沟通与交流促进知识的消化和吸收，提升企业的总体实力，进而提升利益主体对企业的认可度。因此，研发国际化广度会提升利益相关者对"走出去"的中国企业的好感度。

假设 H1b 得到了验证，说明研发国际化深度对组织合法性具有显著的负向作用。对于来自新兴经济体的"走出去"的中国企业来说，由于其总体起步较晚，所以在基础设施及国际经验等方面均存在明显不足。随着不断加强海外研发投资的强度，企业在技术知识学习的过程中，所面对的利益相关者增多，因而也会面临越来越复杂的问题和挑战，例如，外部管理、协调沟通等问题，这不利于企业更好地处理与利益相关者的关系。与此同时，新知识的激增导致"走出去"的中国企业学习吸收能力减弱，企业的运营效率降低，使得"走出去"的中国企业因研发国际化深度而导致的成本有可能高出收益，这会削弱企业的竞争力。与此同时，随着企业加大研发投资，东道国出于技术把控的初衷会对企业进行相应限制，这些都会使得东道国的利益相关者对"走出去"的中国企业的前景更加不看好。

假设 H2a 没有得到验证，而假设 H2b 得到了验证。虽然 H2a 没有得到验证，但是通过回归结果可以看出，国际化速度实际上会加强研发国际化广度与组织合法性之间的正向作用，这与本节研究的原始假设不一致。相关原因分析如下：过快的国际化速度会使"走出去"的中国企业获得先发优势，可以通过将经营成本分摊在多个国外市场以实现规模经济；同时，过快的国际化速度使"走出去"的中国企业在更多的东道国领会到不同国家多样化的技术与市场，可以不断提升企业的基础能力，促进企业在海外更好地成长，所以检验结果与本节研究先前假设存在差异。H2b 得到验证，说明国际化速度会增强研发国际化深度对组织合法性的负向作用。这是因为过快的国际化进程需要耗费企业的大量资源，且短期内企业海外机构的激增使企业总部和海外子公司的沟通和管理成本增加，这无形中增加了"走出去"的中国企业的运营风险，致使企业的海外扩张遭遇挫折甚至失败。随着海外经营的不断深入，"走出去"的中国企业所面对的经营环境也更加复杂多样。企业会因为适应力不够而对当前环境认识较为浅显，造成其无法发展更多用户，因而国际化速度会增强研发国际化深度对组织合法性的负向作用。

假设 H3a 得到了验证，但是假设 H3b 没有得到验证。H3a 得到验证表明国际化节奏会减弱研发国际化广度对组织合法性的正向作用。这是因为不规则的"走出去"的中国企业国际化进程包括高峰期和低谷期，在高峰期，不规则的国际进程使得"走出去"的中国企业面临时间压缩不经济的困境，进而削弱企业的知识吸收能力；而在低谷期，不规则的国际化进程将使"走出去"的中国企业有限的管理资源和吸收能力变得紧张，导致其信息获取的能力降低。在企业成长理论中，有限的管理资源在制约企业成长中起着核心作用，而无规则的国际化节奏对海外资源的过多依赖也会对企业本身的能力提升产生不利影响，所以企业将会遭受低效率的折磨并失去竞争优势。H3b 没有通过检验，说明国际化节奏没有对研发国际化深度与组织合法性的负向关系起到明显的加强作用。本节研究基于现有理论研究，认为随着"走出去"的中国企业研发国际化的深入，企业技术水平的提升往往需要稳扎稳打、慢慢积累，从而缓步提升企业的海外组织合法性。但研究结果不显著，其原因可能为：虽然"走出去"的中国企业的国际化节奏的规律性越好，企业越能增强自身吸收能力，更好地加强研发国际化带来的技术溢出效应，但是还应看到国际化进程的规律性也会使得企业的思维模式逐渐固化，企业对外界的反应能力逐渐降低，无法有效应对研发国际化深度带来的技术性上的难题。这会对"走出去"的中国企业造成不利影响，使得国际化节奏没能起到预期的调节效应。

第 4 章

出海之光：中国企业海外形象塑造的成功实践

- 从消费者感知看中国企业海外形象提升路径
- 从管理者主导逻辑看中国企业海外形象塑造重点

随着我国全球化程度的不断加深,"一带一路"倡议的成效已经逐渐显现出来,更多的中国企业选择"走出去",参与到国际市场当中。在国际市场中,因政治背景、文化背景、风俗习惯、行为准则等的不同,"走出去"的中国企业不仅要坚持创新、投入研发来保持和提升自己在产品或服务上的硬实力,更要融入当地社区,通过践行社会责任、提升组织合法性等提升企业海外形象软实力。所以,探讨如何塑造"走出去"的中国企业的良好形象,明确其影响因素和作用路径,对企业海外经营至关重要。第三章研究了"走出去"的中国企业国际化要素和组织合法性之间的关系,分析了组织合法性的关键影响因素,本章在此基础上,将运用扎根研究着重探讨"走出去"的中国企业组织合法性如何影响企业海外形象的问题。首先,本节以北京小米科技有限责任公司、海信集团有限公司及深圳传音控股股份有限公司作为案例企业,对企业及消费者进行了调研访谈,研究了消费者感知视角下"走出去"的中国企业组织合法性获取对其海外形象的影响,探讨了企业海外形象提升的时序区间及消费者感知指导下的形象跃迁路径;其次,以 AC 阀门有限公司作为典型案例企业,研究了管理者主导逻辑驱动下"走出去"的中国企业组织合法性对其海外形象的影响,分析了企业海外经营过程中的组织合法性获取及其影响下的企业海外形象建立机制。

第 4 章
出海之光：中国企业海外形象塑造的成功实践

4.1 从消费者感知看中国企业海外形象提升路径

4.1.1 文献回顾

（1）组织合法性与消费者感知

如前所述，组织合法性分成三类进行研究，从社会评价的视角出发，组织合法性是指组织被特定受众认可、接受和支持的程度（佟彤，2017）。合法化是一种意义建构过程（杜晶晶等，2018），意义建构即通过话语沟通去理解实践中的问题，有学者从话语视角研究了企业如何运用话语策略构建组织合法性，以及如何利用受众的感知素材帮助企业将现有实践合法化（Rawhouser et al.，2016）。借鉴前述章节中由 Scott（1995）提出并被广泛认同的组织合法性维度划分方式，组织合法性可以划分为规制合法性、规范合法性和认知合法性，受众对组织合法性的评价亦建立在规制支柱、规范支柱及认知支柱基础之上（林晨雨等，2021）。因此，对海外消费者感知评价的话语分析能使企业理解其在组织合法性获取过程中同海外消费者的互动和博弈的得失（刘云等，2017），从而进行卓有成效的组织合法性获取及重构。

消费者感知最早出现于消费者行为学相关研究，是指消费者在进行消费决策及消费购买过程中产生的对企业产品、服务或品牌的关于自身体验的心理感知（范晓明等，2018）。消费者感知对消费者的态度及行为具有重要影响，消费者在感知到组织行为是否"符合社会道德规范和公众普遍的价值观念"、是否"在某种社会构建的规制、规范及认知体系中是合规、合理且适当的"后进行判断并做出评价，即评价组织是否"正确做事"且"做了正确的事"（杨晨等，2020；魏江等，2021）。对于消费者的感知，国内外相关研究主要涉及价值感知（Wiedmann，2018）、效用感知（王崇等，2018；许晟等，2021）、风险感知（王晓玉等，2017；Majeed，2021）、创新感知（周小寒等，2021）、能力感知（吴波等，2015；范晓明等，2018）、道德感知（韩震等，2018；Uzma，2021）、企业动机感知（李亚林等，2016；张安然等，2020）、诚信感知（孙瑾等，2020）、安全感知（霍春辉等，2016）、责任感知等（Chen et al.，2021）。其中，对于价值感知的研究较为系统和丰富，其构成维度普遍包括：功能价值感知、情感价值感知、社会价值感知、情景价值感知等。除了上述普遍适用的感知因素，对来自新兴市场的企业来说，其来源国形象是海外消费者购买产品或服务的关键感知因素（Zhang et al.，2019），海外消费者大多基于来源国形象进行感知，推断并构建出对来自该国产品的认知及评价，进而做出消费判断（汪涛等，2012）。并且，海外消费者对来自某国的产品或服务的选购不再仅仅是"产品/服务是否值得购买"，更多地体现为"购买该国（某企业）产品/服务是否合理"，此处的合理性即组织合法性，即在现行社会制度、规范、道德、信仰、价值观的定义下，企业海外经营行为是否合适（proper）、恰当（appropriate）且被需要（desirable）。这表明企业的合法性行为只有在某特殊制度背景环境下获得与此环境长期适应的社会文化、伦理道德一致性，才能被海外消费者认为是具有合法性的，从而赢得海外消费者的接受和支持。因此，即使"走出去"的中国企业产品品质、服务质量等表现优良，但如果中国的文化伦理、制度规范等不被海外消费者感知并认可，即"走出去"的中国企业未获得东道国组织合法性，海外消费者就会对中国的制度规范及企业行为准则进行猜疑和诟病。获得组织合法性，即一个组织被受众感知到合规、合法、合理，将有助于组织获取关键资源。尤其对于"走出去"的中国企业来说，海外消费者作为其核心受众，他们的认可和支持是企业在东道国获取关键资源并得以可持续发展的基础和支撑性力量（郭海等，2018）。

在消费者创新感知领域，有学者以信号理论为基础，发现企业可以通过信号传递的方式，将企业的创新成果通过相关信号载体传递给消费者，让消费者感知到企业的创新能力，当消费者感知到创新并发现自身需求得到满足时，就会产生相应的购买、承诺、推荐等反馈（吕庆华等，2019）。因此，在消费者合法性感知过程中，"走出去"的中国企业为获取东道国组织合法性所采取的行动可视为其发出的信号，通过纸质媒介、官方媒体、社交平台等信号载体传输给海外消费者，海外消费者对企业所发出的信号进行感知和给予评价，再由信号载体将反向信号反馈给企业，这种反向信号又会对企业的合法性行为进行指导，促使企业调整策略并不断提升海外形象。

（2）消费者感知与企业海外形象塑造

如前所述，企业海外形象，是企业在海外经营过程中，在海外消费者脑海中留下的整体印象和综合评价，是海外消费者基于长期消费体验所产生的对企业的态度，这种态度会影响海外消费者的后续购买意愿及行为，所以，消费者感知在企业海外形象塑造中的作用弥足轻重。

"走出去"的中国企业的企业标志（Foroudi，2014）、企业能力（买生等，2017）、产品质量（Teng，2020）、媒体评论（胡煜，2016）、雇主形象（Younis，2021）、来源国形象（Zhang，2019）、客户评价

（许晖等，2019）、招聘管理（Zhu，2013；Wei，2016），以及企业自身的正面和负面行为（Ali et al.，2020；徐浩等，2019）都是海外消费者对其企业形象感知的来源，当海外消费者感知到以上要素的正面信息时，就会对企业形象给予积极评价。这种积极作用不仅体现在后续重复购买意愿及行为上，更体现在对同一品类产品（Magnusson，2014；周小寒等，2021）、同一来源国企业（Balabanis & Diamantopoulos，2011；Guo et.al，2019；汪涛等，2017）及其他海外消费者（Chatterjee et. al，2017；Park et. al，2017）的正向溢出效应上。张安然等（2020）研究发现，消费者会对企业的善因营销行为进行归因，当感知到企业的动机是真诚地专注于公益事业并服务社会时，就会对企业形象进行积极评价并主动参与到相关活动中。孙瑾等（2020）发现网购平台的消费者在线评论会对其他消费者的信任感知产生重要影响，主要体现在能力信任、诚信信任和善意信任上。同时，从传播学的角度来说，企业海外形象作为一种传播符号，表现为信息传递者和信息接收者双向构建的符号交流（王静静，2018），它不仅依赖于形象信号传递者对传播内容、传播过程和要素等的预先设定，更依赖于形象信号接收者，即海外消费者基于个人的思维模式（杨晨等，2016）、消费特征（孙瑾，2014）及所处的社会文化环境，对形象信号的解读、阐释和联想。而企业海外形象也会对消费者感知产生影响，对于那些形象良好的企业，消费者对企业行为的动机倾向于做出正面推断。宗文宙（2021）研究发现，企业声誉是消费者了解并信任企业的首要工具，良好的企业声誉能够促进消费者对企业的信任感知，并有助于企业构建差异化竞争优势。

消费者感知对企业形象塑造的过程涉及外部情境刺激、内部信息加工及个体/群体行为反应等多个环节，并非一蹴而就（韩震等，

2018）。现有研究多基于 S-O-R（刺激—机体—反应）模型对消费者的心理活动过程及行为选择进行分析与解释（黄思皓等，2020），例如，Wang 等（2019）探讨了在社交媒体环境刺激下，消费者效用感知和享乐感知对其认知和行为的影响。关于消费者感知同企业形象关系的研究，学者们较多探讨了企业践行社会责任这一行为是如何"刺激"消费者的内部信息加工，进而形成企业的形象感知的。社会责任作为创造公司正面形象的一种手段，其重要性正在被逐渐放大（Martinez et al., 2014），学者 Kim 等（2020）研究发现，企业社会责任对消费者公民行为（提出建议、帮助其他消费者和提供反馈等）具有积极影响，企业社会责任将企业形象植入消费者心中，并使良好的企业信誉成为可能。除此之外，其他企业行为也会"刺激"消费者的感知和态度，进而对企业形象产生影响，例如，魏瑾瑞等（2022）研究发现商家可以同消费者进行声誉交易来抵消负面评价进而提升信誉评分，尤其是在网络匿名情境下，消费者更易做出有违于其内心真实感知却能获益的行为。

通过文献回顾可以看出，现有研究虽然考虑了受众的感知和评价在企业组织合法性构建及企业海外形象提升过程中的重要作用，也对企业社会责任这一体现合法性获取的关键活动进行了卓有成效的研究，但是尚未对组织合法性获取行动对消费者感知及企业形象塑造的影响进行系统分析和阐述，研究仍然存在如下有待明晰的问题：①作为信号的组织合法性行动在可能的信号环境失真等状态下是否被有效传递及表达？②对来自新兴市场的企业在东道国面临的差异化海外消费者的独特特征、从众效应及社交媒体作为信号载体在其间所扮演的"双刃剑"角色是否得到关注？③更重要的是，消费者感知在组织合法性对企业海外形象的影响中如何发挥作用？故此，本节研究基于信号理论，从海外消费者感知视角阐释"走出去"的中国企业组织合法性应用策略对企业海外形象的提升作用，为企业在海外市场的经营实现可持续高质量发展提供理论支持和实践指导。

4.1.2 研究设计

（1）研究方法及思路

20世纪60年代末，Glaser和Strauss（1967）提出了扎根理论方法，其目的是以翔实的数据为基础，通过严谨科学的逻辑推理、比较分析和归纳总结，从下往上思考、提炼并构建理论，这种方法可以有效分析某一未明确的问题。扎根理论的核心在于将收集的碎片式原始资料进行多次整合、抽象和概念化，发现主范畴、核心范畴及范畴间深层的相互关系。因此本节研究使用扎根理论的编码思想，对原始数据进行范畴化和概念化，并使用具体编码进一步印证结论的可靠性。扎根理论的三级编码分析过程如图4-1所示。

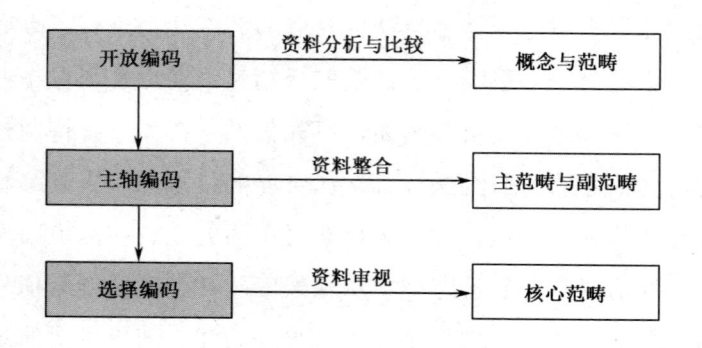

图4-1 扎根理论的三级编码分析过程

同时，借鉴李同茂等（2021）提出的研究步骤，本节研究的基本流程为：①在文献梳理的基础上根据研究问题确定研究范围，并选择合适的研究样本；②确定研究的分析单元，设计编码体系；③对原始数据进行三级编码分析，分别为开放编码、主轴编码、选择编码；④最后对编码所得范畴进行概念化并加以分析，构建初步理论模型，经过理论饱和度检验后，得到最终的理论模型及研究结论。具体研究流程如图 4-2 所示。

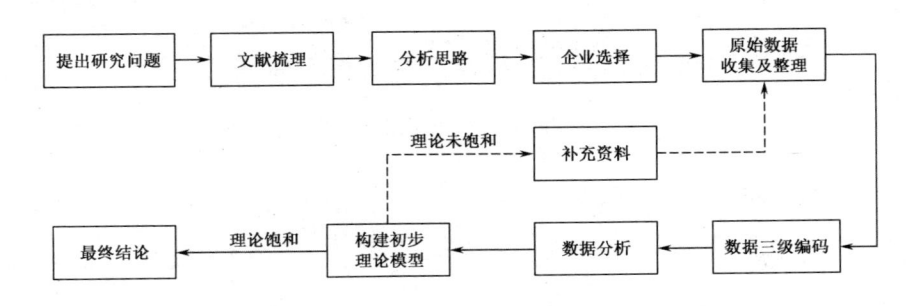

图 4-2 研究流程图

此外，从分析思路上来说，本节研究基于信号理论，将"走出去"的中国企业的组织合法性获取视为企业发出的信号，通过纸质媒介、官方媒体、社交平台等信号载体传输给信号接收者——海外消费者。海外消费者在感知到企业所发出的合法性信号后，进行信号翻译，即将接收到的信号转化为感知到的意思，并根据自己的观念认知及所拥有的知识对合法性信号给予态度、行为等方面的反馈。再由信号载体将海外消费者的信号评价信息反馈给企业，"反馈"在信号在传递中具有重要作用，当信号接收者给予信号发送者反馈时，有助于信号发送者了解信号的影响范围和影响程度等信息，会对企业的后续组织合法性行为进行指导，促使企业进行信号优化，不断调整组织合法性行动实施策略，最终达到提升企业海外形象的目标，本节研究的分析思路如图 4-3 所示。根据这一思路，本节研究聚焦"走出去"的中国企业如何通过践行及调整组织合法性行动进而不断提升企业海外形象这一现实问题，试图从消费者感知视角切入，打开"走出去"的中国企业海外形象提升过程的"黑箱"。

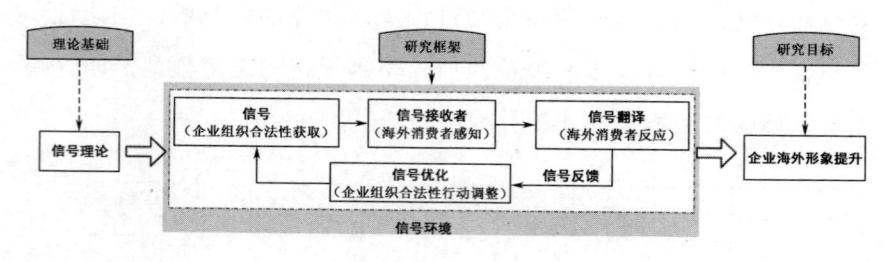

```
理论基础                    研究框架                              研究目标
   ↓                          ↓                                    ↓
┌─────────┐   ┌──────────────────────────────────────────────┐   ┌─────────────┐
│ 信号理论 │ ⇒ │  信号          信号接收者       信号翻译      │ ⇒ │ 企业海外形象 │
│         │   │ (企业组织   → (海外消费者感知) → (海外消费者反应) │   │    提升     │
└─────────┘   │ 合法性获取)                                    │   └─────────────┘
              │            ↑                  ↓               │
              │         信号优化         信号反馈              │
              │     (企业组织合法性行动调整)                    │
              │                  信号环境                      │
              └──────────────────────────────────────────────┘
```

图 4-3 分析思路

（2）数据选择及收集

① 数据选择

Eisenhardt 和 Graebner（2007）认为质性研究的核心是提出更好的发展理论，由此在企业选择的过程中使用随机抽样或分层抽样的方法是不合适的。扎根理论分析方法对企业样本的数量并没有提出要求，而是更注重样本中资料和数据的丰富性，因此选择数据丰富、资料全面与典型的企业样本是开展扎根理论分析方法的关键（贾旭东等，2012）。此外，在选择样本时，还应注意样本资料的可获得性原则，避免研究结论的误差。

基于上述原则，本节研究选用北京小米科技有限责任公司（以下简称"小米"）、海信集团有限公司（以下简称"海信"）、深圳传音控股股份有限公司（以下简称"传音"）三家企业作为本节研究的案例企业，主要有以下两点原因：一是符合典型性要求，小米和传音为全球智能手机行业的领导者之一，同时，小米是全球领先的创新型科技企业，海信隶属于高端家电行业的领先者；二是案例样本资料获取的便利性和丰富性，案例企业均在海外市场布局营销网络，通过践行及调整组织合法性行动不断提升企业海外形象，并取得了较大成功。三家企业因为组织合法性获取事件较为完整充实，并且经常被相关媒体及学者作为成功提升企业海外形象的典型案例进行报道及专题教学，公开资料比较丰富且与本节研究主题契合。

② 数据收集

为保证研究的效度和信度，本节采用三角测量法进行数据收集和分析。本节研究的数据收集方法如下：第一，二手数据收集。主要包括案例企业的二手公开数据及相关海外社交媒体（Facebook、Twitter等）上消费者对3家案例企业的讨论及评价。首先，从巨潮资讯网中收集案例企业的招股说明书及上市公司年报等，从案例企业官网、网络新闻报道中收集案例样本资料；其次，对海外消费者相关评论的收集涵盖各年龄段及社会阶层的消费者，既有来自官方网站的正式评价，也有论坛、社区平台、社交平台等非正式讨论平台的言论，为了搜索到全面有效的信息并进行理论构建，保证对于帖子和评论的收集全面完整，收集的信息既包括正面观点，也包括反面意见；最后，对无效评论进行剔除，主要包括：没有任何有效信息的评论、与研究主题完全无关的评论、直接复制粘贴他人的重复评论等。第二，对企业进行访谈。访谈对象是非常了解海外市场经营状况及海外消费者的企业管理者，访谈提纲是根据研究主题的需要，在二手数据收集的基础上进行设计的，并根据访谈内容提供并核实相关信息，整理笔记。本研究是一个跨时间的演化分析，从企业访谈可以更容易了解到不同时期消费者态度及行为的变化，及其与企业的交互。

（3）企业描述

① 小米

小米成立于 2010 年 4 月，是一家倡导互联网与制造融合，专注移动互联网生态建设的创新型科技企业。在 2018 年 5 月小米发布的香港联交所 IPO 招股书公告中，小米将自身定位为一家以手机、智能硬件和 IoT 平台为核心的消费电子及智能制造公司。目前，小米是全球第四大智能手机制造商，在 30 余个国家和地区的手机市场进入了前五名，特别是在印度，连续 5 个季度保持手机出货量第一。通过独特的"生态链模式"，小米投资并带动了更多志同道合的创业者，同时建成了连接超过 1.3 亿台智能设备的 IoT 平台。2014 年，小米成为中国市场出货量排名第一的智能手机公司，2015 年 MIUI 系统月活跃用户超过 1 亿。2017 年小米成为全球最大的消费类 IoT 平台之一，并且第四季度成为印度市场出货量第一的智能手机品牌。2018 年，小米于港交所正式上市。

致力于提供感动人心、价格厚道的好产品，"让全球每个人都能享受科技带来的美好生活"，在小米开启于 2014 年的国际化历程中，其仅用 7 年时间，在海外业务的经验、人才、渠道，以及专门针对海外市场的产品研发和营销机制等方面，都实现了从量变到质变的跃升。目前，小米的业务已经进入全球 100 多个市场。2021 年小米全球化业务取得长足进步，境外市场保持强势增长，境外市场收入 1636 亿元，同比增长 33.7%，占总收入的 49.8%。除了智能手机业务，境外互联网及境外 IoT 业务也展现出强劲增长态势，为全年业绩奠定良好基础。2021 年，境外互联网收入 50 亿元，同比增长 84.3%，其中 2021 年第四季度境外互联网收入在整体互联网服务收入中的比重达到了 21.5%。

随着境外市场的精耕细作，小米的本地化经营优势持续显现，在欧洲、中东、拉美、非洲等地区的智能手机市场份额均不断提升。据 Canalys 统计，按出货量计，小米的全球智能手机市场占有率达到了 14.1%，在全球 14 个市场排名领先，在全球 62 个市场排名前 5。在欧洲市场，小米改善产品结构，发力高端市场，小米智能手机出货量市场占有率达 22.5%，排名第二。同时，新兴市场高速增长。在拉美和非洲市场，小米 2021 年智能手机出货量同比增长 94.0%和 65.8%，排名第三。

② 海信

海信成立于 1994 年 8 月 29 日，其前身是青岛电视机总厂，创立于 1969 年，原名国营青岛无线电二厂。海信集团成立之初，海信就将集团发展目标定为：依靠科技与人才，把海信建设成为世界知名的跨国公司。目前，海信旗下拥有海信电器和科龙电器两家在沪、深、港三地上市的公司，拥有海信（Hisense）、科龙（Kelon）和容声（Remsen）三个中国驰名商标，形成了以数字多媒体技术、智能信息系统技术、现代通信技术、绿色节能制冷技术、城市智能交通技术、光通信技术、医疗电子技术、激光显示技术为支撑，涵盖多媒体、家电、IT 智能信息系统的产业格局。2021 年，海信全年营收 1755 亿元，同比增长 24%；海外收入 731 亿元，同比增长 33%。

多年来，海信始终以显示和图像处理技术为核心，在视像产业生态链纵深布局，打通了从底层技术、终端设备、场景应用、云端支撑到内容服务的全产业链条，在 ULED 动态背光分区控制技术、激光显示技术上世界领先，同时深耕芯片技术，在 8K 超高清显示画质处理芯片、电视 SoC 芯片、AI 芯片方面不断突破。2021 年，海信系电视全渠道整体额占有率稳居第一。海信聚好看服务全球家庭突破 8000 万，有效延伸了传统制造业的用户运营链条。海信冰箱出口额位居中国第一，海信系冰箱产品国内市场排名第二，空调产品排名第五。

在中国外文局对外发布的《中国国家形象全球调查报告》中，海信已经连续 6 年成为海外民众最熟悉的排名前十位的中国品牌，产品远销 160 多个国家和地区，连续赞助 2016 年欧洲杯、2018 年世界杯和 2020 年欧洲杯、2022 年世界杯等世界顶级体育赛事。海信是国家首批创新型企业，两次获得"全国质量奖"。目前，海信拥有捷克、南非、墨西哥等 29 个工业园区和生产基地，在美国、德国等地共设立 20 所研发机构，拥有工程技术人员 1 万余人，硕士博士近 7000 人，初步建立了全球协同的研发体系。

③ 传音

传音成立于 2006 年，是一家以手机为核心，集智能终端设计、研发、生产、销售和品牌运营于一体的高新技术企业。自成立以来，传音一直致力于成为新兴市场消费者最喜爱的智能终端产品和移动互联网服务提供商，着力为用户提供优质的以手机为核心的多品牌智能终端，并基于自主研发的智能终端操作系统和流量入口，为用户提供移动互联网服务。传音旗下拥有新兴市场知名手机品牌 TECNO、itel 及 Infinix，还包括数码配件品牌 oraimo、家用电器品牌 Syinix 及售后服务品牌 Carlcare。

传音的口号是"Think globally, Act locally"，通过传音的营销策略可以发现，传音积极贯彻着"全球化思维 本土化行动"这一口号和方针。传音手机自 2007 年进入非洲市场以来，仅用了 11 年时间，就从手机行业的无名小卒成长为中坚力量，如今已经成为非洲手机市场上的销量冠军。2018 年，其在非洲市场的占有率高达 48.71%，排名第一；全球市场占有率 7.04%，排名第四。同年，传音被 Facebook 和毕马威评为"中国出海领先品牌 50 强"之一。

传音控股 2019 年于上海证券交易所科创板上市，并被纳入 MSCI 中国 A 股指数、MSCI 中国 A 股在岸指数、MSCI 中国全流通指数、中证科创创业 50 指数及上证科创 50 成分指数等。2021 年，传音荣获"中国民营企业 500 强""中国制造业民营企业 500 强""《财富》中国 500 强""全国制造业单项冠军""科创板价值 50 强"等殊荣。传音在全球设立多个生产制造中心，包括中国、埃塞俄比亚、印度、孟加拉国等。其售后服务品牌 Carlcare 在全球拥有超过 2000 个售后服务网点（含第三方合作网点），是新兴市场主要的电子类及家电类产品服务方案解决商之一。目前，传音全球销售网络已覆盖超过 70 个国家和地区，包括尼日利亚、肯尼亚、坦桑尼亚、埃塞俄比亚、埃及、印度、巴基斯坦、孟加拉国、印度尼西亚、菲律宾、哥伦比亚等。

4.1.3 案例企业扎根分析

（1）开放编码

开放编码是指对资料进行概念化（编码前缀为 A）、副范畴化（编码前缀为 B）的过程，即对收集的各种一手和二手资料等进行初步分析与归纳，根据每一份资料的不同，有选择性地一句一句或一段一段进行分析。此步骤由 3 名研究人员同时进行：首先，3 名研究人员分别从原始数据中搜索与理论框架中的关键要素相关的关键词，并将这些关键词所在的句子或段落加以标注；其次，对所有原始数据进行详细阅读，查漏补缺；再次，将编码按照理论框架分别归类到不同的关键要素中，进行原始数据的初步概念化，对于初步概念化，研究人员可以从不同资料中提取出不同的概念，也可以根据自己已有认知提出；最后，若存在某部分资料在进行归纳总结后形成多个概念的现象，后续还需通过进一步更细致地分析、归纳与整理，之后对相关概念加以合并，提炼出更具有概括性的概念，即实现概念的"范畴化"。

本节研究的开放编码过程具体如下：

① 贴标签：对收集到的资料逐句逐段地进行贴标签，该过程由团队中 3 名成员单独完成，标签贴完后，再进行所贴标签不同结果的对比，并在研究团队内商讨以确定最终的定义，确保行为与认知的准确度。在此过程中，依据 3 个案例企业的原始数据，3 名研究人员针对 3 家案例企业共贴出 306 个标签，初步整合后得到 278 个标签。

② 概念化和范畴化：在第一步中已对概念进行初步整合，但标签还未完全统一（如不同的描述表达了同一意思），故对上述所得标签继续进行归类处理。经反复研讨，本过程最终得到小米 105 个初步概念（编码前缀为 Aa）、海信 82 个初步概念（编码前缀为 Ab）、传音 67 个初步概念（编码前缀为 Ac）。因 3 名研究人员归纳提炼出的 3 家案例企业副范畴有重叠、相似之处，故经研讨分析，将 3 家案例企业的副范畴汇总整合后，最终得到 51 个副范畴（编码前缀为 B）。限于原始资料内容较多无法全部展示，本节研究只摘录部分原始资料进行举例说明，如表 4-1 所示。

第 4 章
出海之光：中国企业海外形象塑造的成功实践

表 4-1 开放编码示例

案例企业						副范畴化
小米		海信		传音		
原始资料摘录	初步概念化	原始资料摘录	初步概念化	原始资料摘录	初步概念化	
抢到小米手机的用户也有不少怨言，其中有人吐槽："手机出现一点故障，需要维修，但是——请问小米的维修点在哪？"印度的米粉也表示"小米帮助那些并不富裕却着迷科技的新一代人实现了梦想"。在新加坡和印度等都遭遇不同的用户体验问题，对其营销	Aa1 聘请当地律师团队 Aa2 与当地电商合作 Aa3 与高通签订协议 Aa4 收购专利 Aa5 获得多项交叉专利许可 Aa6 在印度设立本土数据中心 Aa7 同当地知名企业合作 Aa8 产品本土化 Aa9 生产本土化 Aa10 为当地人创造就业岗位 Aa11 高薪聘请各高管担任全球总裁 Aa12 与当地明星合作代言 Aa13 获印度媒体大量关注 Aa14 印度市场手机15秒内	海信，1994年确立的名字代表了其理想与寄托，代表了海洋的壮阔与诚信，信心及信仰，试图为这个世界制造能够与其相匹配的产品，使之变得更加美好，也试图寄予这个时代一个足够的尊重——"言之者，信也。言而无信，何以言言？""海是海信的胸怀，信是海信的基石。" 在海信，干部业务上	Ab1 保障本地员工生活 Ab2 尊重当地文化 Ab3 在美国成立合资公司 Ab4 在匈牙利建厂 Ab5 法国最畅销平板电视生产商之一 Ab6 构建强大的海外销售平台 Ab7 缩短供应链 Ab8 同当地政府建立友好关系 Ab9 同当地商家建立友好关系 Ab10 赞助全球各大体	传音控股正式获得由国际权威机构BSI颁发的ISO/IEC 27001:2013 信息安全管理体系及ISO/IEC 27701:2019 隐私信息管理体系认证证书。该认可既肯定了传音在用户隐私安全管理方面的工作，也充分证明了传音在信息安全体系建设方面的实力。传音控股高级副总裁张祺，	Ac1 中国民营企业500强 Ac2 非洲年轻人有机会去中国传音总部进行系统培训 Ac3 多品牌智能终端 Ac4 致力于新兴市场 Ac5 重视新兴市场人民被忽视的需求 Ac6 上海证券交易所科创板上市 Ac7 全球手机品牌商2021年出货量排名第三	B1 东道国政府认可 B2 专业机构认可 B3 行业协会认可 B4 社会价值观维护 B5 道德规范遵守 B6 惯例标准遵从 B7 媒体广泛宣传 B8 消费者熟知 B9 消费者讨论 B10 相似性比较 B11 抽象角度加工信息 B12 注重整体 B13 相异性比较 B14 具体角度加工

续表

案例企业						副范畴化
小米		海信		传音		
原始资料摘录	初步概念化	原始资料摘录	初步概念化	原始资料摘录	初步概念化	
售策略不佳，供货数量少，抢购程序复杂，可操作性差，透明度低等方面吐槽不断。	Aa15 获《财富》杂志 2013 年最受赞赏中国公司称号	出现过失，被定义为能力问题；但诚信上出现过失，则被定义为最基本的原则问题，是不可原谅，不可宽恕的问题。	Ab11 成立意大利分公司	助理总裁沈剑锋及大中华区董事总经理张翼翔等出席了本次颁证仪式。	Ac8 非洲、巴基斯坦智能机出货量排名第一	B15 注重细节信息
有批评人士指出，小米人为制造短缺现象来博得眼球。	Aa16 雷军获 2013 年《华尔街日报》中文版"中国创新人物奖"	海信非洲所有员工开始走访商场客户，大约 3 年的时间，海信南非公司的管理人员	Ab12 成立西班牙分公司		Ac9 孟加拉国智能机出货量排名第二	B16 查阅资料获取知识
	Aa17 在美国旧金山举行媒体沟通会		Ab13 成立澳洲公司	本次认证范围覆盖了传音旗下手机的设计、开发和生产管理，以及传音手机	Ac10 印度智能机出货量排名第六	B17 固有产品知识
更有网友从技术层面指出，小米官网上的"抢购"按钮形同虚设。	Aa18 小时网上手机销量打破吉尼斯世界纪录		Ab14 在南非建厂		Ac11 技术创新是公司核心战略	B18 亲朋推荐
	Aa19 与微软扩展全面合作伙伴关系		Ab15 布局全球研发中心	HiOS、iteIOS、XOS 操作系统及相关 App 的应用的设计、开发、测试和运维等领域，	Ac12 进入"2021 年度最受非洲消费者喜爱的品牌"百强榜	B19 网络评价
在网民看来，这不是数量的问题，而是企业诚信问题。	Aa20 香港主板上市	几乎走遍了约翰内斯堡的大小商场和连锁店，他们和普通的黑人售货员聊天，了解市场行情，并且宣传介绍了海信集团及海	Ab16 收购夏普工厂	在企业发展过程中，	Ac13 强化差异化产品属性特征品竞争力	B20 重复购买
	Aa21 与宜家达成全球战略合作		Ab17 收购韩国大宇工厂	传音始终践行守护用户隐私的承诺和	Ac14 影像研发领域持续取得突破性进展	B21 消费体验
由这件事，有人不	Aa22 产品设计获 2019 年德		Ab18 致力于修复利回收废弃电子器件	企业合规责任，增强		B22 技术创新能力
			Ab19 组织结构精简			B23 生产制造能力
			Ab20 被美国权威电视媒评为全球第五电视品牌			B24 财务资源能力
			Ab21 跻身联合国环境规划署绿色创新行列			B25 产品差异性特征
			Ab22 收购海外研发团队			B26 来源国实力
						B27 企业公平交易
						B28 企业安全可靠

第 4 章 出海之光：中国企业海外形象塑造的成功实践

续表

	小米		海信		传音		副范畴化
	原始资料摘录	初步概念化	原始资料摘录	初步概念化	原始资料摘录	初步概念化	
	由猜测，小米的每次抢购，是不是同样存在虚报数量？	Aa23 获评艾媒金榜国红点设计奖	信产品，甚至邀请了南非一部分大型连锁店的经理到国外的国总参观。林澜回忆道："当时海	Ab23 产品引领风向标	了客户、利益相关方对传音品牌的信任，保障业务安全可持续开展。	Ac15 多品牌策略	B29 企业诚实守信
	小米手机未经用户同意上传用户数据，存在泄露个人隐私风险。这一消息引发小米用户的恐慌。	Aa24 加入联合国全球契约组织 Aa25 让残疾人士平等地享受科技 Aa26 减少包装材料	信员工薪酬与国外的标准简直没法比。有公平的薪资待遇，大家就不会有土气，优秀人才也进不来。	Ab24 实施本土化策略 Ab25 拒绝OEM代工 Ab26 加入澳洲产品管理组织 Ab27 在沙特航空杂志投放广告	2021年，传音将续与联合国难民署的合作，助力10670名来自肯尼亚、乌干达的难民儿童重返校园。传音的援助资金主要用于改善学生	Ac16 在全球设立多个生产制造中心 Ac17 生产制造中心均定位于新兴市场国家 Ac18 全球拥有超2000个售后服务网点 Ac19 全球销售网络已覆盖超过70个国家和地区	B30 企业慈善公益行为 B31 企业环境保护行为 B32 来源国制度环境 B33 企业人性化
	印度空军称，由于泄露的信息中包括手机持有者的位置、照片、短信等可能涉及国家安全的个人信息，军方已要求军队成员及其	Aa27 米粉社区经营 Aa28 重视米粉培养 Aa29 开辟智能全场景时代 Aa30 进军英国市场获胜赞 Aa31 用户参与手机设计 Aa32 引导用户投诉 Aa33 重视用户体验报告 Aa34 用户感受到情感关怀 Aa35 最快响应用户需求	海外市场更难拓展。"集团明确做出了支持提高海外员工薪酬待遇的决定。现在海信的产品可以做到：研发中心直接	Ab28 参与国际标准制定 Ab29 产品高端化 Ab30 日本消费者习惯 Ab31 日本消费者习惯比较 Ab32 日本用户忠诚度很高	基础设施改善、学生学习及考试、教师培训、教材提供，以及帮助有特殊需求的儿童入学等。	Ac20 聚焦"专精特优精"发展道路 Ac21 善于洞察用户痛点 Ac22 本地化科研 Ac23 产品具有独特的表情符号	B34 企业具人文关怀 B35 企业大众化 B36 企业文化亲切友好 B37 无明显情绪表达的语言描述 B38 无明显情绪表达的表情符号

143

续表

案例企业						
小米		海信		传音		副范畴化
原始资料摘录	初步概念化	原始资料摘录	初步概念化	原始资料摘录	初步概念化	
家属不使用小米手机，并把警告级别提升至"中度警告"。	Aa36 致力于做出让每个人都买得起的手机	和客户沟通痛点问题，然后在新设计中融入客户意见和感受。此后，在产品真正上市之前，会提前与客户就诸多细节进行沟通。这种深度合作，不仅推动了客户配合生产，还充分发挥了技术的潜力。	Ab33 日本用户钟爱本土品牌	2021年3月17日，非洲领先的音乐流媒体服务平台 Boomplay 与环球音乐的合作再次升级，其版权区域由原来的非洲7国扩展到泛非47国。新的版权协议将覆盖包括科特迪瓦、喀麦隆和塞内加尔在内的法语区非洲国家，以及南非和埃塞俄比亚等重点国家和区域。这也是环球音乐集团首次面向法语区非洲国家	Ac23 抢占先机	B39 有明显情绪倾向的语言描述
米办粉丝同城会	Aa37 举办粉丝同城会		Ab34 日本用户不直接表达诉求		Ac24 建立传音学院培养人才	B40 有明显情绪倾向的表情符号
完善海外线下渠道	Aa38 完善海外线下渠道		Ab35 提高海外员工待遇		Ac25 员工双通道晋升机制	B41 态度表达
苹果公司负责产品设计的领头人Jony Ive 在接受《名利场》编辑 Graydon Carter 采访时，被问到如何看待小米被称为中国苹果，Ive 的反应很迅速很直接："我不会把这视为赞美(flattery)，这是剽窃(theft)……我承认	Aa39 港股上市		Ab36 较多聘用当地人才		Ac26 尊重差异	B42 意见表达
	Aa40 强调用户参与		Ab37 员工亲自走访客户		Ac27 身处劣势也一切向善	B43 态度强化
	Aa41 与米粉交朋友		Ab38 专业售后7×24小时服务热线		Ac28 建设廉洁文化	B44 意见强化
	Aa42 成立海外客服团队		Ab39 根据当地需求推陈出新		Ac29 共创共享廉洁的企业理念	B45 消费者情感
	Aa43 企业吉祥物打造		Ab40 优势重组		Ac30 携手联合非洲儿童教育事业	B46 消费者欲求
	Aa44 胜诉美国政府		Ab41 体制重组		Ac31 与环球音乐合作成版权合作	B47 消费者意向
	Aa45 着重监管第三方服务					B48 自主选择
	Aa46 建立全球诚信合规平台					B49 自发推荐
	Aa47 建立廉政举报平台					B50 从众选择
	Aa48 疫情驰援意大利					B51 从众抵制
	Aa49 雷军捐赠145亿股份用于慈善	2018年，由中宣部、国务院国资委指导，中国外文局在北京发布了《中国企业海外形象调查报告》报告显示：华为、海信				

第 4 章
出海之光：中国企业海外形象塑造的成功实践

续表

案例企业						副范畴化
小米		海信		传音		
原始资料摘录	初步概念化	原始资料摘录	初步概念化	原始资料摘录	初步概念化	
为那是剽窃和懒惰，我一点也不觉得那是好事。	Aa50 产品属性知识	居榜单前两位，并且海信在中国家电行业"最佳海外形象"调查中位居第一。	Ab42 文化重组	开放版权内容，具有里程碑式的意义。	Ac32 本地化营销策略	
小米聘请了印度最大的综合性律师事务所有限公司法务代表。这是印度当下全表的首选	Aa51 产品背景知识	海信是欧洲杯 56 年历史上第一个来自中国的全球顶级赞助商，2017 年 4 月，海信又成为 2018 年 FIFA 世界杯官方赞助商，是世界杯设立近百年以来首个中国消费电子品牌赞助商。相关数据显示，仅仅 2016 年欧洲杯期间，海信的全球	Ab43 企业文化强调主人翁精神	促进品牌与消费者间情感交流	Ac33 促进品牌与消费者间情感交流	
	Aa52 产品使用知识		Ab44 员工外语能力培训	个生产制造中心，包括中国、埃塞俄比亚、印度、孟加拉国等。其售后服务品牌 Carlcare 在全球拥有超过 2000 个售后服务网点（含第三方合作网点），是新兴市场主要的电子类及家电类产品服务方案解决商之一。	Ac34 重新定义用户体验	
	Aa53 手机销量全球领先		Ab45 海信员工勤奋努力		Ac35 数字化转型赋能新兴市场发展	
	Aa54 限量抢购		Ab46 南非居民不信任中国企业		Ac36 荣膺 Twitter 最具海外影响力品牌奖	
	Aa55 全球用户线上线下全渠道覆盖		Ab47 南非工厂被抢购		Ac37 与曼城足球俱乐部达成战略合作	
	Aa56 跻身世界 500 强企业		Ab48 澳洲市场"高质中价"定位		Ac38 为公立学校儿童提供奖学金	
	Aa57 轻资产模式		Ab49 美国消费者对品牌有成见		Ac39 开展反对电子垃圾覆盖环境保护活动	
	Aa58 极致性价比		Ab50 "辨识度高"			
	Aa59 成立集团质量委员会		Ab51 "可见度高"			
	Aa60 "中国制度体系健全"					
	Aa61 "中国经济实力良好"					
	Aa62 "中国产品质量较好"					
	Aa63 "中国制造能力较好"					
	Aa64 小米核心专利技术					

145

续表

案例企业						
小米		海信		传音		副范畴化
原始资料摘录	初步概念化	原始资料摘录	初步概念化	原始资料摘录	初步概念化	
充分考虑了印度消费者的需求,在印度销售的产品中加入了很多散热元件,包括中国质量上佳的无电接口,最终解决了设计这个棘手问题。在印度工厂的周边村子,小米给当地人创造了大量工作岗位,其中90%为女性就业岗位。"我对中国的互联网公司不太熟悉,我无法精确预测小米的未来自咎"	较少 Aa65 "中国知识产权保护体系不健全" Aa66 "朋友推荐购买" Aa67 "家人推荐购买" Aa68 "被好评吸引" Aa69 "之前购买过小米产品" Aa70 "小米之家服务好" Aa71 "小米性价比很高" Aa72 "让人眼前一亮" Aa73 "在欧洲恐怕要溢价不少" Aa74 "苹果的配置简直无地自容" Aa75 "力挺"	知名度就提升了6个百分点,二季度欧洲市场销量提高65%,而且,体育营销带来的品牌溢价和长远影响依然在持续。海信已经成为日本土品牌之外市场份额最大的品牌之一,2017年销量同比增长79.3%。进入2018年,海信品牌在国际市场的占有率继续稳步增长,不断刷新外界对"中国制造"的认知。......	Ab52 "对中国制造有了新的认知" Ab53 "产品独一无二" Ab54 "我连续三小时使用它看YouTube" Ab55 "可能是我买过最令我惊喜的产品了" Ab56 "我一定要购买一台L9G" Ab57 "我喜欢激光电视完美的色彩和柔和的屏幕光" Ab58 "不要只通过阅读评论来了解产品" Ab59 "买之前我了解了几个月的产品信息"	国家和地区,包括尼日利亚、肯尼亚、坦桑尼亚、埃及、印度、巴基斯坦、孟加拉国、印度尼西亚、菲律宾、哥伦比亚等。除了手机业务和移动互联网业务,传音类拓展业务也在逐步发力中。基于素的领先优势,传音深化多元化战略布局,在大力发展线下业务的同时,积极拓展线上渠道。	Ac40 资助孤儿院 Ac41 宣传推广策略 "接地气" Ac42 品牌标识热情友好 Ac43 "传音手机改变了我们的看法" Ac44 "价格实惠" Ac45 "质量好" Ac46 "中国手机现在真不错" Ac47 "可以双卡双待" Ac48 "甚至可以装三张卡" Ac49 "手电筒功能非	

146

第 4 章
出海之光：中国企业海外形象塑造的成功实践

续表

案例企业						
小米		海信		传音		副范畴化
原始资料摘录	初步概念化	原始资料摘录	初步概念化	原始资料摘录	初步概念化	
会怎样，但我对小米非常有信心。这家公司的创办者非常诚实、开放。不仅创造了产品，而且教用户用这个产品。理解这个产品。苹果一直是一个伙伴，它的整个运营都从硬件角度去做的，所以在这方面小米和苹果有很多相似的地方。沃兹表示。"我是米粉，我越来越依赖小米了" "小米总能给我们带来	Aa76 "价格便宜" Aa77 "虚报销量" Aa78 "泄露个人隐私" Aa79 "剽窃苹果公司" Aa80 "克隆苹果创意" Aa81 "小偷" Aa82 "小米帮助我实现梦想" Aa83 "不在本国市场售卖，好可惜" Aa84 "抢购程序复杂" Aa85 "质疑饥饿营销方式" Aa86 "制造短缺销售以博取眼球" Aa87 "无边框耗耗了" Aa88 "只要不抄袭，中国产品就是未来" Aa89 "感谢提供好产品" Aa90 "小米产品不好也不坏" Aa91 "一分钱一分货"	同时，三大手机品牌TECNO、itel 和 Infinix 亦开始大力拓展扩产品类业务，推出了手机基础配件，TWS 耳机、智能穿戴、笔记本电脑、电视等产品，多品牌策略进入良性发展。传音 OS 已成为非洲全球主要新兴市场的主流操作系统之一。……	Ab60 "我并不喜欢中国产品，但对它们中的一些产品仿满怀期望" Ab61 "我知道这合电视与三星不相上下" Ab62 "在这个价格区间内，海信是十分优秀的" Ab63 "我会退掉这台电视" Ab64 "因为价格便宜，我会推荐它，但它并不优秀" Ab65 "具有性价比" Ab66 "超出了我的预期" Ab67 "我强烈推荐它"		Ac50 "最便宜的手机" Ac51 "可以在上面使用很多不同软件" Ac52 "拍照功能强大" Ac53 "解决了我们非洲人的自拍难题" Ac54 "音量超大" Ac55 "专为热爱音乐的人士设计" Ac56 "完全不输于三星，苹果这样的大品牌" Ac57 "传音为索马里地区的年轻人创造了很多就业机会" Ac58 "传音提供售后维修和出售手机的工作"	

147

续表

案例企业						副范畴化
小米		海信		传音		
原始资料摘录	初步概念化	原始资料摘录	初步概念化	原始资料摘录	初步概念化	
惊喜"科技改变生活，小米改变世界"……	Aa92"感到失望" Aa93"抵制" Aa94"建议和投诉" Aa95"想要尝试小米产品" Aa96"完全不想购买" Aa97"我会买一部红米表达我的感激之情" Aa98"此次捐赠让我决定继续入手小米手环" Aa99"想和苹果竞争还早了点" Aa100"发热可以煮鸡蛋了吧" Aa101"没发现哪里好" Aa102"想要，但感到了中国的威胁" Aa103"为什么索尼不出这样的产品" Aa104"小米体验太差了" Aa105"小米之家员工友好亲切"		Ab68"音质很糟糕" Ab69"产品和说明不符" Ab70"很棒" Ab71"价格合理" Ab72"运行良好" Ab73"我给它3星" Ab74"这台电视坏了，我喜欢它!" Ab75"运输过程中出现损坏" Ab76"产品画面科动" Ab77"产品设置简单易懂" Ab78"节能省电" Ab79"智能交互很好" Ab80"健康护眼" Ab81"寿命太短" Ab82"售后保障"		Ac59"我为传音工作，我对未来充满期望" Ac60"我们看到中国制造的产品会更愿意购买" Ac61"为用户配备头戴耳机，非常实用" Ac62"店面多，购买方便" Ac63"广告投入多" Ac64"曲库很全" Ac65"可以将我拍成好看的巧克力色" Ac66"电量耐用" Ac67"不同价位有不同型号可选"	

（2）主轴编码

该过程进一步将上述步骤中得到的各个副范畴有逻辑地联系在一起，从导致该现象产生的因果条件出发，从现象到脉络依次梳理，分析其中的中介条件，以及解决该问题的行动策略，最终得到分析结果。研究团队通过对前述分析过程得到的 51 个副范畴进行反复比对及探讨，根据各个副范畴之间的内在关系将其进行系统性聚类分析，最终归纳出 17 个主范畴（编码前缀为 C），如表 4-2 所示。

表 4-2 主轴编码示例

主范畴	副范畴
C1 规制合法性获取	B1 东道国政府认可；B2 专业机构认可；B3 行业协会认可
C2 规范合法性获取	B4 社会价值观维护；B5 道德规范遵守；B6 惯例标准遵从
C3 认知合法性获取	B7 媒体广泛宣传；B8 消费者熟知；B9 消费者讨论
C4 整体加工思维模式	B10 相似性比较；B11 抽象角度加工信息；B12 注重整体
C5 局部加工思维模式	B13 相异性比较；B14 具体角度加工信息；B15 注重细节
C6 自习知识	B16 查阅资料获取知识；B17 固有产品知识
C7 口传知识	B18 亲朋推荐；B19 网络评价
C8 购买经历	B20 重复购买；B21 消费体验
C9 企业能力感知	B22 技术创新能力；B23 生产制造能力；B24 财务资源能力；B25 产品属性特征；B26 来源国实力
C10 企业道德感知	B27 企业公平交易；B28 企业安全可靠；B29 企业诚实守信；B30 企业慈善公益行为；B31 企业环境保护行为；B32 来源国制度环境
C11 企业亲切感知	B33 企业人性化；B34 企业具有人文关怀；B35 企业大众化；B36 企业文化亲切友好
C12 信息陈述	B37 无明显情绪表达的语言描述；B38 无明显情绪表达的表情符号
C13 情绪表达	B39 有明显情绪倾向的语言描述；B40 有明显情绪倾向的表情符号
C14 信息转发	B41 态度表达；B42 意见表达

续表

主范畴	副范畴
C15 信息点评	B43 态度强化；B44 意见强化
C16 消费者态度	B45 消费者情感；B46 消费者欲求；B47 消费者意向
C17 消费者行为	B48 自主选择；B49 自发推荐；B50 从众选择；B51 从众抵制

（3）选择编码

选择编码是在上一阶段分析的基础上，对提炼出的主范畴进行进一步的分析，得出能概括所有范畴关系的核心范畴。核心范畴具有统领性的地位，是提炼出的主范畴的核心，也是对所有分析资料数据的总结概括。基于本节研究的研究目的和上述分析过程，本节研究将主轴编码过程中形成的17个主范畴进一步进行整合和精练，在前述文献综述的基础上，根据案例企业海外形象提升阶段串联出完整的"故事线"，构建出以下能够概括全部主范畴的核心范畴，如表4-3所示。

表4-3 选择编码

核心范畴	主范畴
能力表现信号	C1 规制合法性获取；C3 认知合法性获取
目标消费者认同信号	C2 规范合法性获取；C3 认知合法性获取
全球共识意义获取信号	C1 规制合法性获取；C2 规范合法性获取；C3 认知合法性获取
消费者思维模式	C4 整体加工思维模式；C5 局部加工思维模式
消费者经验	C6 自习知识；C7 口传知识；C8 购买经历
消费者感知	C9 企业能力感知；C10 企业道德感知；C11 企业亲切感知
消费者信息生产	C12 信息陈述；C13 情绪表达
消费者信息分享	C14 信息转发；C15 信息点评
消费者反应	C16 消费者态度；C17 消费者行为

（4）理论饱和度检验

扎根理论与其他质性研究方法（如民族志、行动研究等）不同，它遵循涌现原则、不断比较原则及理论抽样原则，通过对原始资料的反复收集及迭代分析，自下而上地将数据进行来回往复地比较和浓缩，不断重复、完善有可能的概念和范畴，直至提不出新的范畴，则表明研究的理论抽样达到了饱和状态。基于此，本团队的研究人员将剩余文本资料，即用作理论饱和度检验的 2 份一手资料及 4 份二手资料进行了三级编码，未得出新的概念和范畴。此外，本团队的研究人员还将得到的范畴及模型致函受访者，经过详细的解释说明，受访者认为概念及范畴归纳与其实际情况相吻合，且未提出新的看法和意见，据此判定本节研究的理论已达到饱和状态。

4.1.4　模型构建与阐释

企业海外形象的提升并非一蹴而就，其提升过程同企业发展历程及阶段诉求息息相关（Zhang et al.，2019），因此，本节研究引入时间维度进行动态分析，挖掘案例企业海外形象提升过程中不断涌现的组织合法性获取的关键事件和行为，根据上述章节的扎根分析，借助关键事件及企业战略主张将企业海外形象提升过程划分为单点突破期、场景拓展期和协同共生期三个时序期间，在海外消费者信号感知、翻译、反馈及企业信号优化的加持和推动下，各阶段环环相扣、层层递进，并呈现出螺旋式上升态势。本节研究将从企业海外形象提升的时序区间及路径两个方面进行案例分析及阐释，并最终构建消费者感知视角下企业海外形象提升的"SPCC"理论框架，其中 S 代表信号（Signal）、P 代表信号传输及反馈过程（Process）、C 代表信号优化结果（Consequence）及信号环境（Context）。

（1）企业海外形象提升的时序区间分析

① 单点突破期：通过企业能力感知建立消费者认知

单点突破期是"走出去"的中国企业通过践行组织合法性活动建立企业海外形象的第一个阶段，主要是指企业基于海外消费者需求和东道国市场机会进行精准的市场细分，实现企业海外形象从 0 到 1 的建立过程。根据三家案例企业的数据编码分析，"走出去"的中国企业在单点突破期的主要诉求为推介产品，被海外消费者了解，以及让海外消费者愿意进行产品购买的尝试，在此基础上企业获得经营绩效，力求在东道国市场站稳脚跟。此时企业为提升海外形象所发出的组织合法性获取信号主要为规制合法性获取信号，并辅以认知合法性获取信号。首先，在规制合法性获取方面，主要表现为获得东道国市场准入，即获得东道国政府、专业机构及行业协会的认可，让海外消费者感知到企业的活动和行为是正确的，通过"限制"规范企业行为来适应东道国约束，以此满足海外消费者对企业的期望与需求；其次，在认知合法性获取方面，主要表现为通过海外媒体的正面客观宣传，引发公众讨论，以此增强海外消费者对企业的认知和了解欲望。在这个阶段，"走出去"的中国企业所发出的并被海外消费者所感知到的信号可以归结为能力表现信号。

海外消费者作为企业的信号接收者，其思维模式及消费经验均会对消费者感知产生影响。具体来说，消费者思维模式主要分为整体加工思维模式（Global processing mindset）和局部加工思维模式（Local processing mindset），这是人们在进行社会感知及判断时惯用的两种思维模式（Forster，2008）。惯用整体加工思维模式的消费者更容易将外界看成一个整体，更容易关注外界刺激，从更整体、更抽象的角度去关注企业（产品）间的相似性；相反，惯用局部加工思维模式的消费者更容易从细节处去感知企业，倾向于从更局部、更具体的角度去关注企业（产品）间的相异性。故而海外消费者对来自新兴市场企业的感知也会受到这两种思维模式的影响，当海外消费者对企业的产品与其来源国产品形象进行相似性比较时，会有意识地采用与来源国产品形象一致的评价来感知和判断该企业的产品；而当消费者对企业的产品与其来源国产品形象进行相异性比较时，也会有意识地选择与来源国产品形象不一致的信息来感知和判断该企业的产品。中国产品形象在海外消费者心目中存在固有的"价廉质低""假冒伪劣"等刻板印象，并且，相较于相异性比较，消费者的相似性比较加工速度更快，故对于处于单点突破期的企业来说，其刚刚进入东道国市场，还未在海外消费者心目中建立起熟悉度及知名度。同时，面对一个较为陌生的中国企业，海外消费者更倾向于启用整体加工思维模式，用来源国实力及来源国产品形象去感知及评价该企业。因而，在企业进入东道国市场的初期，消费者经验主要源于消费者的固有产品属性知识、背景知识及使用知识，以及通过查阅相关资料所得的自习知识对企业产品进行感知和选择。故在单点突破期，采用整体加工思维模式且消费经验主要源于自习知识的海外消费者，对企业的感知主要集中于企业能力方面，例如，企业产品的功能属性、企业的技术创新能力、财务资源能力，以及根据来源国实力和来源国产品形象所推断出的企业能力。

信号翻译是信号接收者将接收到的信号转化为感知及评价输出的过程，通过三家案例企业的数据编码分析，海外消费者的信号翻译过程具体可以描述为通过信息生产和信息分享表达观点,并以此体现消费者的反应。其中,消费者信息生产主要表现为通过线上社交平台进行信息描述和情绪表达,通常情况下,信息陈述无明显情绪表达,只是陈述客观事实,例如,"广告投入很多""不同价位有不同型号可供选择"等,情绪表达则带有明显情绪倾向,例如,"体验太差了""感到很失望""强烈推荐"等。多元化的线上媒体及社交平台则为海外消费者提供了表达观点、抒发情绪的便捷通道,且更容易累积规模性的声量信号,激发潜在消费者的参与热情。对企业所发出的组织合法性获取信号进行转发和点评是最主要的信息分享行为,更是引发消费者从众效应的主要方式,其中,信息转发更注重意见和态度的表达,信息点评则是意见和态度的强化,二者相互叠加,强化了从众效应。此时,在单点突破期,受企业知名度低及来源国劣势的影响,消费者反应体现在态度和行为上,主要表现为"试试看"的购买意向、"产品低廉"的消费拒绝及"支持本国品牌"的民族中心主义式消费抵制。

消费者的普遍反应通过论坛、采访、博客等社交媒体对企业进行信号反馈,企业得到反馈后,则会进行信号优化,即调整此前的组织合法性获取策略,以转变海外消费者对企业的负面感知,从而提升企业海外形象。根据扎根分析,"走出去"的中国企业在单点突破期,需根据海外消费者的正面及负面信号反馈采用深耕式策略,在获得东道国政府及专业机构认可的基础上,更需深耕东道国市场,精准匹配消费者需求,优化消费者获利体验,以精准匹配市场的产品,逐渐积累用户规模。在此基础上,建立消费者认知,累积一定的初始资源,可以使企业基于海外消费者数据构建消费者画像,进一步增强对消费者痛点的识别和把握,让海外消费者的思维模式转向局部加工思维模式，形成良性循环，并为后续产品供给升维带来海外消费者多元化选择及道德感知等场景拓展策略奠定基础。基于信号理论分析框架，"走出去"的中国企业在单点突破期的海外形象循环提升路径如图4-4所示。

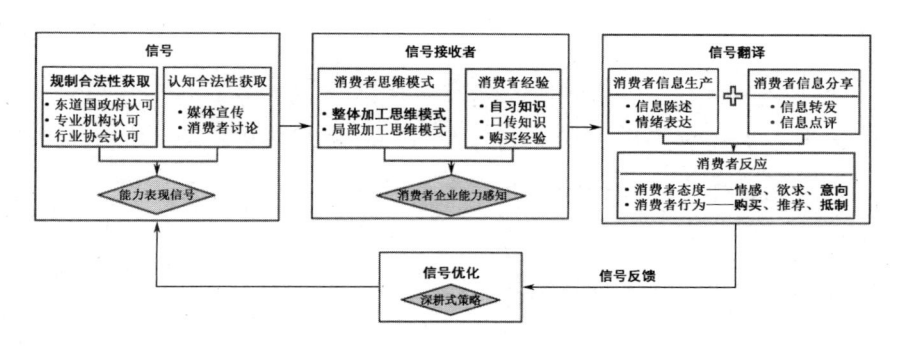

图 4-4 企业海外形象提升的单点突破期

② 场景拓展期：通过企业道德感知增加消费者互动

场景拓展期是"走出去"的中国企业通过践行组织合法性活动建立企业海外形象的第二个阶段，主要是指企业在东道国市场单点突破的基础上，不断扩展产品/服务品类及应用场景以满足海外消费者多元化的场景需求，实现企业海外形象从1到100的建立过程。根据三家案例企业的数据编码分析，"走出去"的中国企业在场景拓展期的主要诉求为推介服务和体验，增加和海外消费者的互动，提升消费者黏性，即保证海外消费者出于对企业产品、服务、品牌的认可和满意而产生购买、推荐、复购等行为，力求在东道国市场打响品牌知名度并不断优化营收结构。此时企业为提升海外形象所发出的组织合法性获取信号主要为规范合法性获取信号，并辅以认知合法性获取信号。首先，在规范合法性获取方面，主要表现为对东道国社会价值观的维护、道德规范的遵守及惯例标准的遵从，让海外消费者感知到企业在践行正确的活动；其次，在认知合法性获取方面，除了通过海外媒体的宣传提升知名度、引发讨论，更要做到被海外消费者所熟知，发掘不同于单点突破期的认知内核。在这个阶段，"走出去"的中国企业所发出并被海外消费者所感知到的信号可以归结为目标消费者认同信号。

在"走出去"的中国企业海外形象提升的场景拓展期，此时海外消费者的需求不再仅仅是一个产品，而是产品背后的多元化服务元素及企业作为社会公民的社会责任践行。企业也会更加注重海外消费者画像的时间场景化和空间场景化，将时间元素（如一天多个时段的不同需求或不同季节的需求）和空间场景元素（如文化、兴趣爱好、价值观等）嵌入海外消费者画像，以便精准洞察消费者需求和感知，进而调整企业行为以影响消费者的内心感知和行为意愿。此时，对于建立起一定知名度的企业来说，海外消费者除了会启用整体加工思维模式，也会针对企业品质良好的产品、出众的创新设计、高效及时的服务，以及企业社会责任行为逐渐启用其局部加工思维模式，更加注重企业个体特征、产品细节及企业道德。同时，随着企业对海外消费者消费体验的注重，消费者经验也由原来的自习知识逐渐转换为口传知识占据主导，消费反应也从原来的"我会尝试买来看看"的单一行为拓展到"我了解、我喜欢、我互动、我会购买、我会推荐"的消费行为全过程。故在场景拓展期，海外消费者逐渐启动局部加工思维模式且多从身边亲朋好友或网络评论中获得口传知识，对"走出去"的中国企业感知主要集中于企业道德感知方面，例如，通过企业的公平交易、安全可靠、诚实守信，以及企业的慈善公益活动、环境保护行为等对企业道德进行感知判断和评价。

第 4 章
出海之光：中国企业海外形象塑造的成功实践

在场景拓展期，海外消费者的信号翻译也主要体现在消费者信息生产及信息分享的过程中。此时，随着企业知名度的提升，网络社交平台上关于企业的讨论会逐渐增多，除了正面信息，负面信息的生产和分享亦会不断增加，从众效应也会更加明显，陈述客观事实的陈述类信息明显少于带有情绪倾向的情绪表达类信息。故在场景拓展期，随着企业知名度的不断提升，社交媒体的"双刃剑"作用愈加凸显，海外消费者反应体现在态度和行为上，不仅有"很喜欢""想要"的购买欲求，"很好用，我会给家人购买"的消费推荐等积极反馈，也会进一步放大"要保护本国经济及就业""中国企业就是抄袭"等带有歧视的民族中心主义式消费抵制。

在信号反馈后的信号优化阶段，根据扎根分析，"走出去"的中国企业在场景拓展期，需根据海外消费者的正面及负面信号反馈采用延伸式策略，在提升企业知名度，让海外消费者更加熟知企业产品及品牌后，更要进行场景延伸，让海外消费者对企业的感知不仅仅停留在产品及服务方面，更要上升到企业的道德层面，即感知到企业是正直的且值得信赖的。在此阶段，践行作为社会公民的责任至关重要，这会引导更多的海外消费者启用局部加工思维模式，感知到"走出去"的中国企业不同于其他企业的独特特征，能在上一阶段产品升维的基础上进一步助力企业场景升维，在巩固单点突破的同时，助力企业不断获取组织合法性，以提升企业海外形象，协同利益相关者为布局全球网络营销生态奠定基础。基于信号理论分析框架，"走出去"的中国企业在场景拓展期的海外形象循环提升路径如图 4-5 所示。

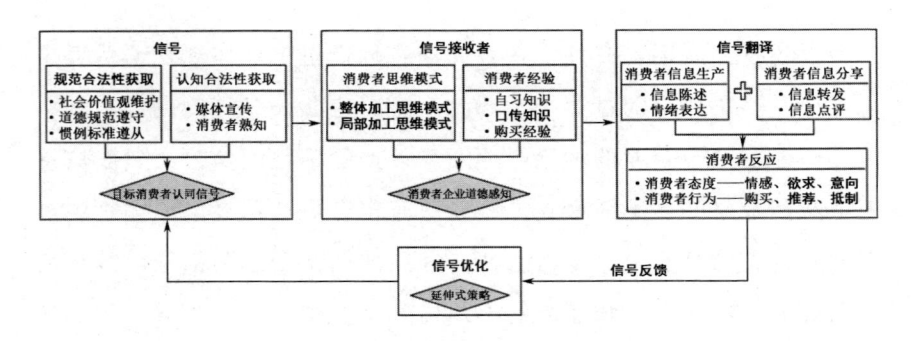

图 4-5　企业海外形象提升的场景拓展期

③ 协同共生期：通过企业亲切感知实现消费者承诺

协同共生期是"走出去"的中国企业通过践行组织合法性活动建立企业海外形象的第三个阶段，主要是指企业在东道国市场场景拓展驱动下，企业协调及整合全球网络生态中的利益相关者，进而形成协同共生关系，实现企业海外形象从 100 到 ∞ 的可持续发展过程。根据三家案例企业的数据编码分析，"走出去"的中国企业在协同共生期的主要诉求为推介企业的品牌价值，实现企业、品牌的可持续高质量发展。因此，企业在协同共生期的活动主要表现为提供解决方案，不仅体现在产品和服务的方案解决上，更体现在企业慈善公益、环境保护、道德文化输出等方案解决上，并基于生态成员间的连接和互动构建更高阶、更稳健的全球竞争优势，海外消费者作为企业全球生态网络中的关键成员，增加消费者的信任及实现对其的承诺至关重要。此时企业为提升海外形象所发出的组织合法性获取信号主要为规范合法性获取信号和认知合法性获取信号，并辅以规制合法性获取信号。首先，在规范合法性获取方面，依旧表现为对东道国社会价值观的维护、道德规范的遵守及惯例标准的遵从，但此时相关活动无论从范围还是程度上来说，都更广更深；其次，在认知合法性获取方面，区别于场景拓展期的为获得目标消费者认同，协同共生期则更加注重全球消费者共识意义的建立，使企业文化及价值观同全球消费者的情感、观念及价值观相吻合，使企业、品牌的价值观同全球共识意义相契合；最后，在规制合法性获取方面，要审时度势，根据全球地缘政治态势的变化，未雨绸缪地针对东道国法律法规变化制订相关应对机制和作出安排。在这个阶段，"走出去"的中国企业所发出并被海外消费者所感知到的信号可以归结为全球共识意义获取信号。

　　在"走出去"的中国企业海外形象提升的协同共生期，海外消费者的需求除了企业产品、服务及对企业道德的感知，更会注重企业的亲切感知，有能力（产品/服务优良）、有道德（诚实且值得信赖）的企业未必亲切，能力判断的基础是该企业产品是否满足了消费者需求，道德判断的基础是企业行为是否符合东道国社会规范及价值观约束，而亲切判断的基础则是企业的特质和行为是否让消费者感到温暖且有助于人际交往。此时，企业需注重亲切友好企业海外形象的建立，如为消费者提供及时的帮助和服务，认真听取消费者意见，提升社会认可度，获得海外消费者的喜爱和信任，同时要具有人文关怀，塑造亲切友好的企业文化。经过场景拓展期海外消费者对局部加工思维模式的启用，随着企业逐渐被赋予"亲切友好""给予消费者温暖"等感知评价，企业海外形象亦会不断攀升。"走出去"的中国企业作为中国国家形象的代言人，其正面企业形象更会反向赋能国家形象，让海外消费者对中国的刻板印象逐渐改观，从而提升来源国形象；当来源国形象得以改观时，基于来源国形象感知的整体加工思维模式的启用亦会为"走出去"的中国企业带来积极作用，不仅会提升该企业的海外形象，更会重塑企业生态圈形象，形成良性循环。同时，随着企业对海外消费者人文关怀的注重，消费者经验也逐渐为口传推荐知识及自发购买经验所主导，消费反应也从上一阶段的"我了解、我喜欢、我互动、我会购买、我会推荐"的消费行为全过程延伸至"我赞美、我支持、我信任、我会作出承诺"的消费习惯养成全周期。故在协同共生期，随着"走出去"的中国企业反向赋能国家形象，海外消费者的整体加工思维模式会进一步促进企业海外形象的提升，对企业的感知则主要集中于企业亲切感知方面，例如，通过企业的人文关怀、人性化、大众化，以及企业的亲切友好、温暖贴心行为等对企业进行亲切感知判断和评价。

在协同共生期，随着企业布局全球市场营销网络，进一步在全球范围内复制、重塑和巩固场景拓展效应以获得国际知名品牌形象和全球文化认同，海外消费者的信号翻译过程会趋于复杂和多元，社交媒体依旧存在"双刃剑"效应。但总体而言，积极及支持类评价多于消极批评类评价，在海外消费者的态度和行为上，多数为"支持""喜爱""信任""我是它的忠实粉丝"等积极反馈，也有"希望不忘初心""这次产品没有达到预期，需要改进"等带有批评意味的诚恳建议，但也不乏"没有理由，就是不喜欢""我只用本国产品"等带有歧视的民族中心主义式消费抵制。

在信号反馈后的信号优化阶段，根据扎根分析，"走出去"的中国企业在生态协同期，需根据海外消费者的正面及负面信号反馈采用重塑式策略。具体体现在利用数字技术深度挖掘前期单点突破期和场景拓展期累积的数据价值，对企业进行数字化、智能化改造，以此赋能企业生态网络，让海外消费者对企业的感知除了产品、服务、社会责任及道德方面，更要感知到企业人文关怀，即感知到企业是亲切友好且传递温暖的。在此阶段，打造企业文化、践行人文关怀至关重要，在引导海外消费者启用局部加工思维模式的基础上，更要让善用整体加工思维模式的消费者感知到来源国的积极形象，助力企业形象塑造升级。同时，在全球共识意义获取过程中加强企业文化和企业价值观的推介，寻找多元文化的汇聚点，积极探寻具有差异性文化间的普遍性共识，对其差异存而不论，推动"走出去"的中国企业获取组织合法性以提升企业海外形象。基于信号理论分析框架，"走出去"的中国企业在协同共生期的海外形象循环提升路径如图 4-6 所示。

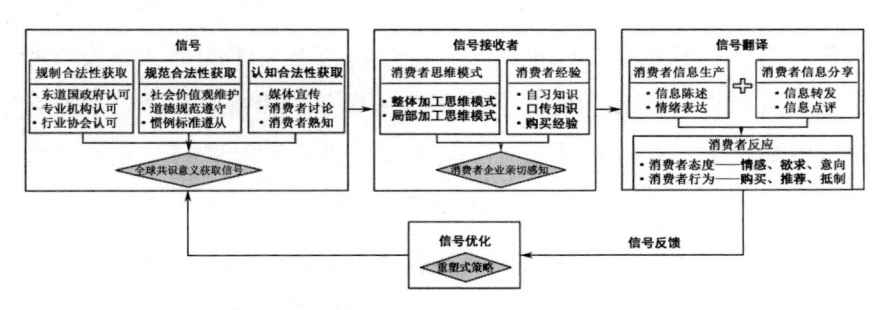

图 4-6　企业海外形象提升的协同共生期

（2）企业海外形象提升路径分析

通过案例企业扎根分析，比对案例企业实际情况和响应现有研究观点，同时基于三家案例企业海外形象提升的时序区间和对应的组织合法性行动策略，本节研究认为"走出去"的中国企业通过践行组织合法性行动不断提升了每个阶段的企业海外形象，但随着组织合法性活动量变的积累及企业成长诉求的变化，企业会通过海外消费者感知的变化及信号优化后的策略调整，通过"激情引领型"和"情感承诺型"的路径实现形象提升时序区间从低阶向高阶的跃迁，达成企业海外形象的质变升级，获得企业海外经营的可持续竞争优势。

① 激情引领型路径

激情引领型路径是"走出去"的中国企业针对海外消费者的信号反馈，通过深耕式策略进行信号优化，不断调整及补充相关组织合法性行动，进而让企业海外形象提升的时序区间从单点突破期跃迁至场景拓展期。结合相关研究及企业实践，海外消费者感知的企业行为及其相关态度评价，是企业形象提升的关键影响因素，同时也驱动着企业行为的"使力"方向。在单点突破期，"走出去"的中国企业初步"试水"海外市场，对海外消费者需求的把握需要时间加以考察推进。此时，企业重点实施规制合法性获取行动以获得东道国市场准入，企业诉求也处于最低阶的推介产品阶段，海外消费者对企业的感知也仅限于企业能力感知。随着消费者对企业产品进行信号反馈，企业通过践行深耕式策略不断进行信号优化以获得海外消费者对产品的喜爱及激发其购买欲望，通过单点突破期的"信号发送—信号传输—信号反馈—信号优化—新信号再次发送"这一循环，企业不断收集海外消费者感知信息，进而调整优化组织行为以引发海外消费者对企业产品的激情，包括购买、喜爱、赞美、支持、上瘾等。激情是企业和消费者间关系的核心，会导致情感依恋并影响消费者相关行为。"走出去"的中国企业可以通过这种激情来增强海外消费者和企业间的联系，在单点突破期不断对规制合法性和认知合法性获取进行"量"的积累，经由对海外消费者的"激情引领"，实现企业海外形象提升时序区间"质"的跃迁，进入场景拓展期。

② 情感承诺型路径

情感承诺型路径是"走出去"的中国企业针对海外消费者的信号反馈，通过延伸式策略进行信号优化，不断调整及补充相关组织合法性行动，尤其是规范合法性获取，让企业海外形象提升的时序区间从场景拓展期跃迁至协同共生期。在场景拓展期，"走出去"的中国企业已在海外市场享有一定知名度，企业诉求也从最开始的推介产品升维至推介服务和体验，海外消费者对企业的感知除了能力方面，也逐渐延伸至道德方面。随着消费者对企业产品的信号反馈，企业通过践行延伸式策略不断进行信号优化以获得海外消费者对产品的承诺及复购欲望，通过场景拓展期的"信号发送—信号传输—信号反馈—信号优化—新信号再次发送"这一循环，企业不断收集海外消费者感知信息，调整优化组织行为以引发海外消费者对企业产品的承诺，包括复购、推荐、维护、宣传、参与、信任等。承诺是一种消费者为维持同企业关系的持久的意愿和愿望，经过承诺的海外消费者会主动帮助企业共同创造品牌价值及提升企业形象，并且会积极参与企业创建的品牌社区，帮助企业拓展、维护忠诚的粉丝和追随者，并为企业提供积极的形象感知判断和评价。企业可以通过这种承诺来进一步深化同海外消费者间的联系，在场景拓展期不断对规范合法性及认知合法性获取进行"量"的积累，经由对海外消费者的"情感承诺"，实现企业海外形象提升时序区间"质"的跃迁，进入协同共生期。

通过上述对"走出去"的中国企业海外形象提升的时序区间及形象提升路径的分析，本节研究围绕"'走出去'的中国企业如何通过践行组织合法性行动提升企业海外形象"这一核心研究问题，提出了用于研究消费者感知视角下东道国制度环境及社交媒体情境中企业海外形象提升过程的"SPCC"理论分析框架（如图4-7所示）。该框架基于信号理论，借鉴现有文献对信号传输过程及消费者感知因素的讨论，结合三家案例企业组织合法性获取及海外形象提升历程，探讨了企业海外形象提升路径，"SPCC"分别对应：组织合法性获取信号、海外消费者对企业发出信号的感知过程、企业根据海外消费者信号反馈做出的信号优化策略调整与跃迁路径，以及企业所处的东道国制度环境和社交媒体情境。

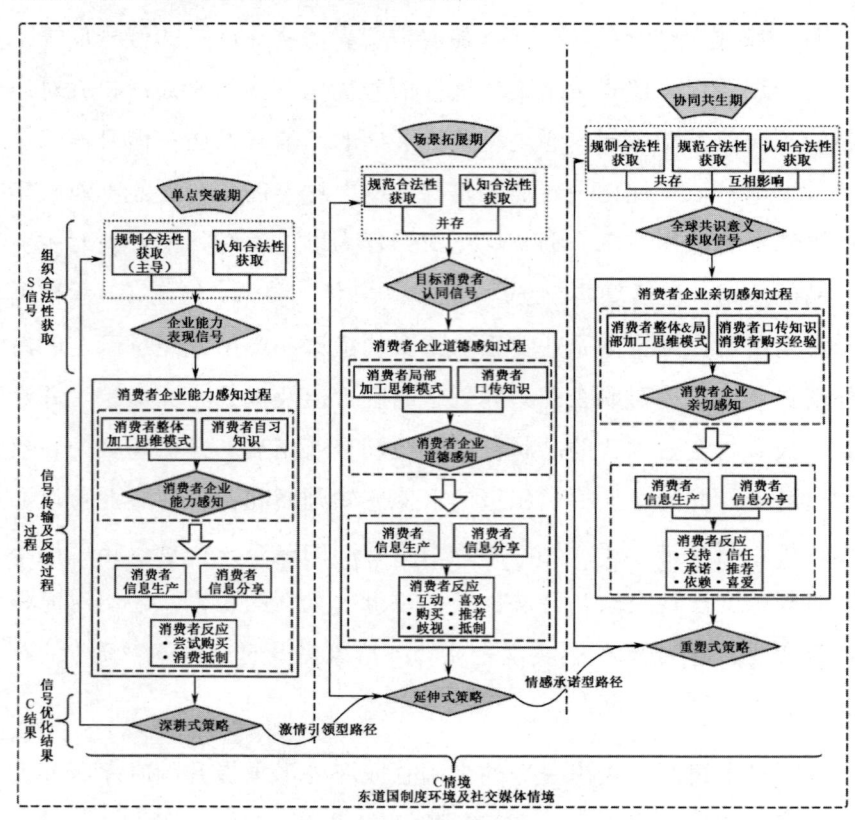

图 4-7　企业海外形象提升的"SPCC"理论框架

4.1.5　本节结果讨论

企业海外形象提升是一个循序渐进、循环上升的过程。首先，

第4章
出海之光：中国企业海外形象塑造的成功实践

企业海外形象的构建始于企业在东道国市场的单点突破，此阶段企业的主要诉求为在东道国市场推介产品，具体表现为通过海外消费者的获利体验建立市场认知。此时企业所发出的组织合法性获取信号主要体现在规制合法性和认知合法性的获取上，重点引导海外消费者对企业能力进行感知，尝试打开市场，建立初步的企业海外形象。

其次，企业海外形象的提升促进企业在东道国市场的场景拓展，此阶段企业的主要诉求为在东道国市场进行服务和体验的推介，具体表现为通过提升海外消费者黏性，加强其对企业的认同。此时，企业所发出的组织合法性获取信号主要体现在规范合法性和认知合法性的获取上，重点引导海外消费者对企业道德进行感知，在原有市场基础上进一步拓宽产品/服务及企业社会责任的应用场景，不断增加同海外消费者的互动，夯实企业海外形象。

再次，企业海外形象的提升壮大了企业在东道国市场的协同共生，此阶段企业的主要诉求为在东道国市场进行品牌价值的推介，具体表现为通过提供全球生态网络协同共生的解决方案强化差异性及不可替代性，进一步加强竞争壁垒。此时，企业所发出的组织合法性获取信号体现在全部三个维度的组织合法性获取上，不仅包括规范合法性行动和认知合法性行动，规制合法性行动也不能放松，同时需要重点引导海外消费者对企业的亲切感进行感知，在上阶段场景拓展的基础上进行供给数智赋能、需求高效匹配及全球业务协同，体现企业的人文关怀，不断增加海外消费者对企业的信任，塑造"走出去"的中国企业的良好形象。

最后，"走出去"的中国企业必须重视海外消费者感知对企业组织合法性获取行为的逆向反馈指导。企业初始组织合法性获取建立在企业诉求之上，随着海外消费者对企业初始组织合法性信号的感知，其会形成相应的判断和评价，企业后续组织合法性获取则建立在对海外消费者感知的反馈之上。企业需注重对海外消费者心理活动的预测及感知重点的引导，研究发现，单点突破期跃迁至场景拓展期需要对海外消费者进行"激情引领"，场景拓展期跃迁至协同共生期则需要对海外消费者进行"情感承诺"。这样做不仅有利于企业找准细分赛道撬动市场，更有利于满足海外消费者的多元化需求，联结生态伙伴以加速成长，持续提升企业海外形象。

4.2 从管理者主导逻辑看中国企业海外形象塑造重点

4.2.1 文献回顾

（1）管理者主导逻辑与组织合法性获取

主导逻辑（Dominant Logic）最早由 Prahalad 等（1986）提出，认为管理者主导逻辑是企业管理层思考与认知形成的主导方式，是管理者对企业所属行业、企业所在市场、企业经营模式的看法，以及管理者对企业业务的概念界定、对企业资源配置决策的集合。此后，学术界也深入探索了主导逻辑的具体内涵。总体来说，主导逻辑源于企业高层管理团队的固有管理经验和智慧，并作为一项指导性原则，普遍渗透企业的内部管理流程、业务模式及对外战略制订（张璐等，2021）。在认知心理学相关研究中，企业的战略决策是企业管理者个人和团队对企业所面临的环境的认识和建构——他们有限的视野、有限的选择感知和对内外部信息具体解读的结果，这种认识和建构的过程被认为是管理者认知的结果。而企业管理者的主导逻辑被认为是影响管理者认知形成的重要因素（张璐等，2022），在指导企业成员行动、企业文化塑造、企业价值观变动的基础上，逐渐外化为企业对外决策。管理者的主导逻辑会影响管理者认知的内容和方式，进而影响管理者的经营决策和行为，从这个意义上说，组织合法性获取策略也是管理者主导逻辑驱动的结果。

环境动态性会对企业决策行为产生影响，而管理者主导逻辑在这之中产生中介作用（邓新明等，2021），在环境动态性的显著影响下，管理者主导逻辑作为企业高管团队共享认知范式的结晶，是指导企业决策行为的重要前置因素。从已有文献来看，学界对管理者主导逻辑的研究主要集中于企业能力、价值创造等议题。学者们将主导逻辑视为企业能力进阶的微观基础，认为主导逻辑作为企业知识系统的重要组成部分，通过将管理者的意识思维外化为企业制订战略、获取资源的外部行动，在不断增加企业知识存量的基础上提升其适应外部环境的能力（葛明磊等，2021）。价值创造与管理者的主导逻辑密切相关，随着市场消费的不断升级，企业现有的主导逻辑并不总是能够实现企业绩效的提升，企业需更新主导逻辑，将利益相关者纳入价值创造体系，不断强化竞争优势（王鹤春等，2021）。认知理论认为，企业决策者所使用的环境信息、行动逻辑并非客观，是其通过认知决策、加工和解释过的具有主观认知特性的信息和逻辑，这些信息和逻辑会影响企业的行为决策（Adner et al.，2003）。决策者所关注的焦点事件及所处环境的稳定性均会对主导逻辑产生影响，进而影响组织行动，例如，当环境发生变化时，企业需要重新评估、选择和制订战略方案（Morgan，2009）。在动态环境中，企业的决策需快速变化（Eisenhardt，1989），而在稳定的环境中，企业的决策只需保持核心能力，快速变化则是不利的，或许会致使企业损失其核心能力；如果企业决策者将新兴技术作为关注焦点，那么其相关决策也会倾向于技术导向（Eggersj et al.，2009）。所以，"走出去"的中国企业想要在东道国乃至全球市场获取组织合法性，维护良好的企业形象，就需要因时因地做出决策调整。同时，有学者从注意力基础观出发，发现管理者会在一些情境因素下形成主导逻辑，当这些因素改变时，管理者也能很快响应，指导企业实践（Ocasio，2011）。情境因素会通过管理者的注意力对企业组织合法性获取实践产生影响，倘若管理者没有注意到这些变化，或是这些改变被管理者捕捉到，却没有将其与组织合法性获取决策联系起来，那么企业将很难准确把握组织合法性获取的正确方向。并且部分研究发现，管理者对内外部情境的认知和理解，会对企业应对东道国外部情境变化并进一步获取组织合法性产生重大影响。但是现有研究主要针对管理者主导逻辑对组织合法性获取的直接影响进行分析，没有考虑到内外部情境因素的重要性，很多关键情境因素也会对管理者主导逻辑转化为企业组织合法性获取、实施及效益等产生重要影响，而这些情境因素还需进一步探寻和研究。因此，忽视情境因素直接研究管理者主导逻辑对企业组织合法性获取的影响是不全面、不准确的。

同时，组织合法性作为一种获取资源的资源，能够克服企业外来者劣势，帮助企业从环境中得到生存所必需的支持（Zimmerman，2002）。"走出去"的中国企业想要在东道国获得长久的发展，其关键是建立组织合法性。现有研究从企业定位同构焦点（Jeong et al.，2019）、海外市场模式的进入方式（Stevens，2017），以及海外社会责任履行（王益民等，2022）等方面分析获取组织合法性以积极应对东道国的制度压力。所以，"走出去"的中国企业的管理者对其组织合法性获取决策的选择、调整和变革,将直接影响企业在东道国海外形象的塑造。随着后疫情时代全球政治经济形势所面临挑战的不断加剧,组织的合法性获取决策也逐渐趋向于复杂和多样。有学者将彪马公司作为研究对象,探索了组织合法性获取的演化历程,发现企业会随着时间同时采用多种获取方式(Baumann 等,2016);也有学者将目光聚焦到了印度,并选择其最为发达的软件行业,研究其发展历程,发现其在不同发展阶段会制订具有不断递进升级功能的不同组织合法性获取决策(Pant 等,2012)。但这些研究多是止于对组织合法性获取的现象描述,对其动态演化后的成果表现,尤其是组织合法性获取对企业形象提升机制的解释较少。可以发现,现有研究并未详细探究在关键情境因素下,管理者主导逻辑对企业组织合法性获取的影响,未清晰阐释组织合法性视角下企业海外形象提升的内在驱动机制。所以本节研究从战略认知视角出发,认为管理者主导逻辑的更新是管理者能动识别情境因素形成认知,并协同企业组织合法性获取迅速作出反应的结果,剖析组织合法性获取的内在机理。

(2)组织合法性与企业海外形象

组织合法性是指单独个体或组织的行为在指定的社会规则、信仰及价值观念等构建的系统中,被认为是合适的普遍性感知或假定,可以满足社会一般性的期望与假定。由此可见,在企业海外形象的塑造过程中,组织合法性起到了重要作用。组织越是被普遍认为是合适的、满足社会期望的,其形象就越正面。现有研究多将组织合法性的积极影响作为侧重点,探讨其对于企业价值的影响。学者们认为组织合法性获取会对企业价值实现、资源重塑产生重要影响(Salancik et al.,2003)。罗兴武等(2019)探讨了企业价值创新实现的关键路径，通过案例研究发掘出了组织合法性获取的关键影响因素。

首先，组织合法性有利于企业的资源获取，以及企业的成长与发展，从而有利于企业正面形象的塑造。学者 Zimmerman 等（2002）提出了组织合法性对企业资源获取影响的经典理论框架，即从合法性到资源再到成长的过程，以资源获取为主线，通过整合制度理论与战略管理的逻辑，系统阐释了组织合法性对企业绩效的影响。通过这一框架能够看出，组织合法性在组织获取企业发展资源时起到关键作用，这对企业绩效增长十分有利。组织合法性有助于企业用更低的成本获得发展所需的一手信息和资源（郭海等，2018），是增强公众认可、获取网络资源的重要渠道（Bitektine，2015），组织合法性的建立意味着企业在寻求帮助时能够得到快速响应（宋晶等，2019）。组织合法性的获取程度在企业寻求发展的关键资源时起到制约作用（Bitektine，2015），组织所处的外部环境会对资源获取、利用效率产生重要影响（刘云等，2017）。因此，这些资源有利于企业建立竞争优势，从而让外部主体降低对企业的风险感知、提高对企业的发展预期、增加对企业的资源投资。由于外部主体对企业的认可是一种有利资源，这样的认可与企业的技术、资本、人力等资源并驾齐驱，推动着企业的快速成长。因此，企业能够抢占商业先机，实现业务增长，凭借较高的业务水平可以塑造其在公众面前的正面形象，进一步推动企业的长久发展。

其次，组织合法性有利于降低企业海外投资的政治风险，从而有利于企业正面形象的塑造。在东道国，企业可以进行有价值的投资，以提高其组织合法性，进而降低政治风险（Luo et al.，2010）。并且，企业在东道国的时间越长，越能够获取组织合法性，进而降低政治风险。政治环境对企业发展的影响是直接的、难以预测的，政治一旦对企业形象产生负面影响，几乎都是致命的，因此保证政治因素对企业形象产生正面影响非常重要。由此可见，组织合法性能够通过降低企业的政治风险提高企业的正面形象。

再次，组织合法性有利于促进海外消费者对企业产品的了解，提高其购买意愿，从而有利于企业正面形象的塑造。马龙龙（2011）认为，在消费者进行购买决策时，组织合法性是其进行直接评价的重要组成部分，也就是说组织合法性越高，消费者就越有可能购买。也有学者以消费者的视角，研究了企业创业和消费者评价时，认知合法性对消费者购买的影响，企业越是独立和创新，就越能够向消费者传递产品知识，而消费者了解的产品知识越多，则代表企业的认知合法性越高（彭新敏等，2022）。也有学者以转基因食品为研究对象，发现当消费者缺乏充足的产品知识时在认知上会对转基因食品存在感知风险，进而不能接纳创新的产品，因而影响了其对转基因产品的购买意愿（郭际等，2013）。而产品知识的输出与企业的认知合法性息息相关。据此可知，组织合法性的建立能使海外消费者更加信任企业，增加海外消费者对企业产品的购买意愿，海外消费者的购买意愿越高，企业的信誉就越高，企业在公众心目中的形象也就更加正面。

最后，组织合法性的获取促进了企业经营活动的开展，从而有利于企业正面形象的塑造。企业遵守经营道德，是企业塑造正面形象的重要影响因素，消费者通过直接消费体验和间接信息产生对企业行为期望的参考点（Reference Point），并将此参考点作为购买决策的重要依据。企业行为如果无法达到消费者对企业道德程度的预期，消费者就会对企业产生消极感知，其购买决策的变化包括拒绝购买非道德企业的产品，或降低愿意支付的费用等（韩震等，2018）。另外，企业是否遵守当地政府的规制要求，也是影响企业形象塑造的重要因素。假如企业的产品或服务没有严格按照政府的规制要求进行设计，会产生较为严重的后果，包括剥夺企业经营资格等。例如，2010年，某国际知名搜索引擎的服务设计没有遵守中国政府的规制要求，中国政府对其进行了经营限制，最后该企业丧失了中国这一业务区域，完全退出中国市场。所以说经营活动的正常进行，是保证企业正面形象塑造的基本前提，而组织合法性的获取，尤其是规制合法性的获取，是"走出去"的中国企业正常开展经营活动的基础。

4.2.2 研究设计

（1）研究方法及思路

本节研究聚焦组织合法性视角下"走出去"的中国企业海外形象的提升路径，使用扎根理论探讨企业海外形象提升的驱动因素及演变规律。扎根理论的分析程序在上一节已详细描述，此处不再赘述。

本节研究的目标是通过分析"走出去"的中国企业在东道国社会中的组织合法性获取策略，识别提升企业海外形象的关键因素，提炼企业海外形象塑造相关理论。研究从组织合法性的规制合法性、规范合法性及认知合法性三个维度出发，运用扎根理论方法，深入分析在内外部情境因素的驱动下，基于不同发展阶段的管理者主导逻辑，探寻企业所采取的不断获取组织合法性的相关行动，并在此基础上得到企业海外形象塑造的驱动机制。本节研究基于战略认知视角的"动因—认知—行为—结果"思维逻辑，从管理者主导逻辑的角度切入，聚焦"走出去"的中国企业如何塑造企业海外形象这一现实问题，试图打开企业海外形象提升过程的"黑箱"，案例分析思路如图 4-8 所示。

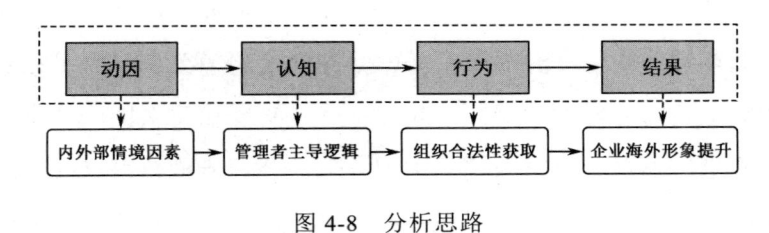

图 4-8　分析思路

（2）企业选择及数据收集

为了保证案例的信效度，案例企业的选择需要具有典型性和代表性。研究关注的是"走出去"的中国企业，因此在案例对象的选择上将 AC 阀门有限公司作为研究对象。

① 企业描述

AC 阀门有限公司（以下简称"AC 阀门"）最早可以追溯到 1997 年成立的 AC 机械有限公司。作为中国最大的阀门制造企业之一，AC 阀门始终专注于工业品阀门产品的生产、研发、销售，同时努力提高其工业工程的配套能力和产品创新能力，并致力于满足各种工业需求和提供阀门产品的整体解决方案。其整体制造生产过程都会进行严格的内部控制，并制订相应的管理标准，从研发、生产、组装到测试各个环节都进行严格把控。

AC 阀门的产品质量和产品研发创新能力得到国际国内市场工业阀门行业的用户及工程公司认证和认可，企业产品广泛应用于国际市场中对工程环境要求高的工业，这些工业对石油、天然气、管道线路等有极大的需求。公司成立之初就在美国市场起步，海外市场是 AC 阀门的核心市场，主要由北美、欧洲、中东及东南亚四个市场组成。AC 阀门于 2009 年在美国注册成立子公司，至今已有 50 多位当地员工，随后公司分别又在荷兰、新加坡、迪拜、意大利、尼日利亚等地建立了海外子公司，并在意大利子公司组建了技术专家团队，其与总部技术团队一起进行产品研发和技术推广。海外事业部是 AC 阀门全球化布局的关键一环，公司已构建以海外事业部为核心的多层次全球营销网络体系，目前在全球成立的所有海外全资、合资子公司都归属于海外事业部，部门拥有 150 多位员工，在这之中约 90%是外籍员工。

AC 阀门作为"走出去"的中国企业，在海外经营多年，成长迅速。2010 年，其生产和销售的工业阀门产品总货值达 1.6 亿美元，成为国内阀门行业第一。AC 阀门本身的发展经历呈现出多阶段性的特点，同时作为工业产品制造商，其销售渠道和经营模式也具有一定特殊性，企业具有典型性，且能够提供较多有效信息和例证，因此本节将 AC 阀门作为研究对象。

② 数据收集

AC 阀门作为 B2B 企业，与消费品所面临的消费群体和消费模式有所不同，其主要用户是工程项目公司和油品公司等大中型企业，客户购买周期较长，合作模式稳定，较长周期内的网络二手数据能够对研究提供较多有效信息。因此本节研究的资料来源主要涵盖企

第 4 章
出海之光：中国企业海外形象塑造的成功实践

业调研访谈的记录及网上的公开资料等。

本节的主要数据来源包括：第一，深度半结构化访谈和非结构化访谈。研究团队在 2020 年 10 月至 2021 年 5 月对 AC 阀门进行了 4 次线上半结构化访谈及多次线上非结构化访谈。在了解企业基本信息的基础上，研究团队联系了企业相关负责人，并安排了熟悉企业形象、了解企业国际化战略及进程、同时具备海外营销管理及企业管理经验的中高层人员进行访谈，并设计了涉及多方面的十余个开放性问题的半结构化访谈提纲，在访谈之前对案例企业相关资料进行收集整理，做好访谈准备，通过查阅相关资料撰写访谈提纲，访谈时在相关资料和访谈提纲的基础之上通过引导式提问，引导受访者尽可能完善完整地说出内心的真实想法，这样能够减少直接提问方式所带来的主观影响，同时能够补充前期资料收集未能获得的一手资料。每次访谈时间在 2 小时左右。在半结构化访谈的基础上，研究团队还运用非结构化访谈的方式对 AC 阀门市场营销等部门的员工进行了采访，进一步获得了相关资料，对半结构访谈获得的资料进行了补充的同时还能够进行多方验证。第二，企业外部网络资料。包括相关研究文献、企业新闻报道、官方网站动态资料、社交媒体平台资料等。

数据收集的具体过程包括：第一步，收集网络企业相关外部资料，了解企业基本信息；第二步，设计相关半结构化访谈提纲，并对企业相关负责人进行半结构化访谈，同时进行非结构化访谈的信息补充；第三步，进一步缩小外部资料的检索和收集范围；第四步，整理现有资料，整合汇总初始案例资料包。

4.2.3 案例企业扎根分析

（1）案例企业阶段划分

通过对原始资料的整理分析，本节研究将 AC 阀门成立至今的发展历程划分为以下三个阶段，分别为：贴牌生产求生存的初创阶段、品牌创新谋发展的成长阶段、全球布局为腾飞的成熟阶段。阶段划分有利于对案例进行刻画分析并把握其动态性，以下是 AC 阀门各发展阶段的时间节点及发展特点。

① 贴牌生产求生存的初创阶段（1997—2002 年）

1997 年，AC 阀门创始人从国企辞职坚持创办了该企业，最初的团队只有四人，仅十几万元的创业资金让他们发现，毫无积累及经验的他们是无法打进国内市场的，于是企业创始人决定"先走出去，再闯回来"，带领团队去美国休斯敦寻找机会。第一份价值五万美元的贴牌生产订单，让他们在美国站稳了脚跟。至此，AC 阀门经历了从最开始的分销业务到制造业务，从分销商到渠道商的转变。AC 阀门成立之初主要依靠分销商做常规产品的推销，后来技术团队实力提升，开始开展制造业务。从初期的贴牌生产到独立自主创建 AC 系列品牌，AC 阀门自成立起就实施创新战略，同时致力于做到国内第一。在市场的激烈竞争中，AC 阀门从 1997 年发展到 2002 年，成长为国内最大的工业阀门制造商和出口商之一，同时也成为世界最大的工业阀门制造商之一、国际知名的工业阀门品牌，形成了闸阀、截止阀、止回阀、球阀、碟阀等五大阀门产品系列，以及拥有数百项"AC 制造"专利。

20世纪末，我国等发展中国家的阀门产业受到西方的发达国家的冲击，这些国家的阀门企业开始向发展中国家进军，虽然此时国内成立和开创了许多阀门企业，但大部分还是为大型阀门企业贴牌加工产品，而没有自己的品牌。AC阀门为了创立和发展自主品牌，在贴牌生产大型阀门品牌产品的基础上，投入大量人力、资金及物资进行产品和技术研发。每年，AC阀门都会引进20多名技术人员，在采购行业先进分析设备的同时，企业也会进行自主研发，打造出多个企业品牌的新产品，并不断对产品生产工艺进行改进，以此提高生产效率及降低生产成本。

② 品牌创新谋发展的成长阶段（2003—2010年）

从2003年至2007年，AC阀门的自主产品发展迅猛，已经由最开始的95%贴牌生产其他企业产品，转变为研发出70%的自主品牌。AC阀门的生产销售总值1.6亿美元，成长为我国阀门行业第一，以及国际知名的工业阀门制造商，逐渐建立了十家国内工厂、六家海外工厂，企业员工达到3400余名。同时产品远销欧洲、北美及中东等区域和国家。同时，AC阀门也和60余家分销商及海外代理建立了战略伙伴关系。

2009年，AC阀门于美国注册成立了美国全资子公司，至今已有50多位当地员工，同时投放了数千万美元的库存，以便为当地的炼油厂提供快捷便利的现货服务。随后由于海外业务的拓展，其又分别于荷兰、新加坡、迪拜、意大利、尼日利亚等地开设了子公司，人员与美国分公司相比相对较少，主要以销售和售后服务为主，其中意大利子公司包含技术专家团队，与总部技术团队一起进行产品研发和技术推广。选择在荷兰、新加坡、迪拜、意大利等地开设分公司的原因主要是当地重点客户群体较多，以及当地的经济贸易政策相对较为宽松。非洲市场的油气开发也在近年来越来越受到各能源公司的重视，投资也越来越多，同时由于当地的本土化采购政策，公司于 2019 年在尼日利亚建立了分公司。

在研发方面，AC 阀门于 2005 年成立了研究中心，占地面积达到四千平方米，目前为止研发中心的工程技术人员已达 100 余人，AC 阀门对试验中心的投入已经达到 4000 万元。2008 年，试验中心成功被认定为省级阀门技术研究试验中心，该中心已经具备中国一流的阀门试验检测能力，可以满足阀门绝大部分的型式试验项目要求。2006 年，AC 阀门国际销售订单突破一亿美元，整个 2006 年，企业生产销售额达到 11 亿元，成为当时中国唯一一家产值超过 10 亿元的企业。2007 年 4 月，企业成立了阀门工程技术研发中心，该中心成为国内规模最大、设备最先进的研发中心之一，企业投资近 3000 万元。

在质量管理方面，企业将先进的"六西格玛"管理理念融入企业发展中，打造了严格的质量管理体系，以高标准检验控制的要求，加强对产品生产全过程关键点的控制，树立起企业是产品质量的第一责任人意识，努力追求质量零缺陷，打造自主品牌。

随着国际化程度的加深，为了更好地开发海外市场，实行以客户为中心的营销，AC 阀门员工在母公司和子公司之间进行着更多频繁的流动。总部派出越来越多的销售、技术人员到子公司以支持其在海外市场的发展。依靠外派工作，公司造就了一批优秀的国际化人才，他们投身到各个部门，正逐步影响着公司向更好的方向发展。2007 年 9 月，AC 阀门有限公司与伊朗合伙人共同投资成立了合资公司，AC 阀门作为投资方，是亚洲最大的阀门生产厂商之一，已获得几乎全部国际用户的最终批准。在这一阶段内，AC 阀门每年都会引进工程技术人员，这些人员会对工业阀门的设计、原材料革新、产品表面处理等领域开展全方位研究。

③ 全球布局为腾飞的成熟阶段（2010年至今）

成熟阶段的 AC 阀门开始进行大规模并购整合和组织调整，采用多工厂管理模式，下设了阀门事业部、工业材料事业部、数控装备事业部和石油设备事业部。同时，企业已在产品层面投入近 4 亿美元，始终向阀门产品的上游延伸，进而能够保障企业核心竞争力。2010 年 1 月，AC 阀门战略收购了某机械有限公司 60%的股权，在企业发展的基础上完善企业组织架构、引进培养人才、打造企业文化，以及开展产品和技术的研发等。此外，企业投资 3000 多万元成立了国内领先的安全阀试验室，致力于提升产品的可靠性，成为国际领先的安全阀门制造商。和以 800 万美元收购巴西的一家知名阀门制造商一样，这是为公司实施大规模"并购整合"第三步发展战略进行尝试、探索和预热。在我国，阀门企业规模较小、市场较小、管理水平较低。同时，阀门行业技术领域发展空间很大、竞争力低，同时高端的阀门产品主要依赖进口。AC 阀门作为国内阀门行业的领先企业，致力于并购与整合国内阀门企业，引进不同类型、不同市场的阀门产品，消除企业发展的短板。

发展至 2010 年，AC 阀门的产品再次实现重大突破，已经由 95%的贴牌生产，转变为 100%的企业自主品牌，并形成了多个系列的自主产品，产品已经销售到欧洲、东亚、东南亚、西亚等区域。根据 AC 阀门欧洲公司的业务目标，AC 西班牙公司将进一步扩大其在欧洲的业务网络，继续开拓新的业务项目并在审批等过程中提供协助，以进一步树立 AC 阀门作为可信赖合作伙伴和高质量流体产品供应商的形象。AC 阀门的目标十分明确，即进一步覆盖欧洲市场，这也符合其在各个重要市场实现本地运营的策略。在作出这个重要决策之前，位于美国休斯敦的 AC 美国已经在巴西建立了 AC 阀门的巴西子公司。

在研发方面，AC 阀门已经研发出多个国际和国家级专利技术，拥有多个自主知识产权产品。AC 阀门研发的低碳和绿色技术为节能减排作出重要贡献，已成为少数拥有多个阀门绿色专利技术的中国厂商和为数不多的国际制造商之一，其产品性能也已达到国际先进水平，很多产品已经被很多国际知名石油化工行业的用户所使用。其间，AC 阀门在中东、北美等区域投资建立阀门装配厂，在国内各主要城市及海外各国如美国、日本等开设销售公司或办事处，并与四十余家海外代理及分销商建立了战略伙伴关系。

2014 年 AC 股份 IPO 首单上市，现已成为国内生产规模最大、年销售额最高且年出口额第一的工业阀门制造商。从 2010 年发展至今，在"一带一路"沿线国家（新加坡、意大利、荷兰、尼日利亚等）相继建立子公司的 AC 阀门，其业务已覆盖全球市场，在北美、南美、中东、东南亚、非洲、欧洲等多个市场建立多个子公司和办事处，成长为国内领先、国际知名的阀门工业品制造企业。

综上所述，AC 阀门发展历程如图 4-9 所示。

（2）数据编码与分析

① 开放编码

本节研究的开放编码过程具体如下。

贴标签：对收集到的资料逐句逐段地进行贴标签，该过程由团队 3 名研究人员单独完成，标签贴完后，再进行所贴标签不同结果

第 4 章
出海之光：中国企业海外形象塑造的成功实践

的对比，并在研究团队内商讨以确定最终的定义，确保行为与认知的准确度。在此过程中，依据案例企业的发展阶段，团队成员在初创阶段最终贴出 35 个标签，初步整合后得到 30 个标签；成长阶段最终贴出 72 个标签，初步整合后得到 65 个标签；成熟阶段最终贴出 131 个标签，初步整合后得到 112 个标签。

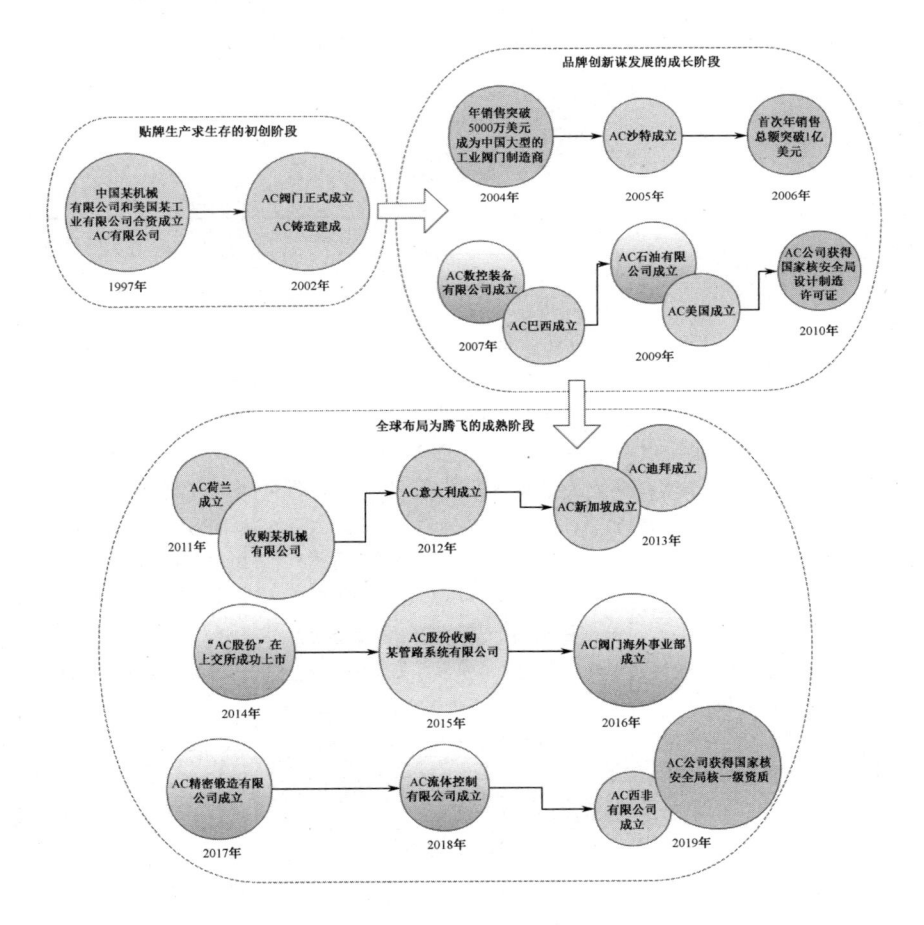

图 4-9　AC 阀门有限公司发展历程

概念化和范畴化：在第一步中已对概念进行初步整合，但标签还未完全统一，如不同的描述表达了同一意思，故对上述所得标签继续进行归类处理。经反复研讨，本过程最后得到初创阶段 24 个初步概念（编码前缀为 Aa），17 个副范畴（编码前缀为 Ba）；成长阶段 52 个初步概念（编码前缀为 Ab），23 个副范畴（编码前缀为 Bb）；成熟阶段 94 个初步概念（编码前缀为 Ac），38 个副范畴（编码前缀为 Bc）。限于原始资料内容较多无法全部展示，本节研究只摘录部分原始资料进行举例说明，如表 4-4 所示。

表 4-4　开放编码示例

企业发展阶段	原始资料摘录	开放编码	
		初步概念化	副范畴化
初创阶段	在 AC 阀门成立之初的 20 世纪 90 年代中期，国内阀门行业已有国企和民企两股力量，其中占主流地位的国企虽是主要供应商，但竞争机制却不健全，甚至存在缺陷。20 世纪 90 年代中期，西方发达国家的阀门产业逐步向中国、印度等发展中国家转移，国内兴办了许多阀门企业，但绝大部分是为国外阀门企业贴牌加工，并没有自己的品牌。企业的产品从最早	Aa1 国营企业产品走低端路线 Aa2 阀门行业竞争机制不健全 Aa3 民营企业存在管理短板 Aa4 发达国家阀门产业转移 Aa5 国内企业贴牌生产国外阀门品牌产品 Aa6 中美联合成立能源统计工作组 Aa7 中方与美国厂商在贷款方面同等待遇 Aa8 美国支持中国加入世贸组织 Aa9 中美签署多项合作协议 Aa10 中美建立永久正常贸易关系 Aa11 阿联酋多次举办中阿贸易博览会 Aa12 中美积极推进建立美国—中美洲自由贸易区 Aa13 倡导中西结合的企业文化 Aa14 创始人将国企民企优势结合 Aa15 创始人选择自主创业 Aa16 管理者深入学习西方先进管理方式 Aa17 管理者深入调研和稳健发展	Ba1 国内企业竞争机制不健全 Ba2 国际贸易关系稳定 Ba3 行业竞争激烈 Ba4 利润潜力提升空间大 Ba5 生产制造规模较小 Ba6 代工生产 Ba7 贴牌制造国外产品 Ba8 行业影响营收 Ba9 新营收点拓展 Ba10 海外营收占比大 Ba11 创始人国企出身 Ba12 结合不同类型企业优势 Ba13 选择自主创业 Ba14 利用常规技术模仿经营 Ba15 政府认可 Ba16 行业协会监督

第 4 章
出海之光：中国企业海外形象塑造的成功实践

续表

企业发展阶段	原始资料摘录	开放编码	
		初步概念化	副范畴化
初创阶段	的 95%贴牌生产，发展到了 2003 年的 70%的自主品牌。	Aa18 遵守行业协会制定的规范标准 Aa19 遵守行业协会制定的企业发展规则 Aa20 相关行业协会进行监督监管 Aa21 政府咨询发展规划 Aa22 制造标准得到认证 Aa23 专业机构认证 Aa24 与多个客户签订全球合作协议	Ba17 强制机构认可
成长阶段	随着全球油气市场的发展，各国及石油巨头纷纷投资建立动辄跨越数千公里的油气运输管线。 AC 阀门在国内已持有中国石油集团公司的一级供应网络证书，并顺利通过国际认证，拥有世界领先的技术。在高温、高压、超低温、高危介质工程等多个领域，技术已处于世界领先水平。 AC 阀门先后投资 2000万美元建立了自己的铸件生产厂并引入了"六西格玛"管理理念，保证生产过程中的质量，同时创造性地采用了适合阀门生产质量管理的全员质量管理系统。	Ab1 中国石油天然气公司正式进入巴西市场 Ab2 中国在巴西能源建设领域投入进一步加大 Ab3 巴西进一步开放市场 Ab4 巴西逐步放松对石油等领域的垄断 Ab5 巴西实施一系列政策鼓励外国投资 Ab6 中国进一步完善鼓励外资投资资本市场政策 Ab7 沙特王国立法鼓励外商投资 Ab8 沙特外商直接投资优惠法律制度 Ab9 沙特政府期望降低税率吸引更多外国资本 Ab10 沙特采取多项措施改善投资环境 Ab11 各国及石油巨头投资建立长距离油气运输管线 Ab12 产品在石油资源丰富地区得到广泛应用 Ab13 天然气需求量日益增大 Ab14 阀门产品需求量不断增加 Ab15 中国政府鼓励跨国公司在华建立石化基地 Ab16 中国政府将进一步完善投资环境	Bb1 国内外市场机遇加速发展 Bb2 金融危机影响较大 Bb3 行业结构升级 Bb4 发展核心技术 Bb5 研发能力认证 Bb6 发展自主品牌 Bb7 生产智能化 Bb8 系统集成化 Bb9 产品差异化 Bb10 客户参与 Bb11 高端产品替代 Bb12 质量认可 Bb13 客户导向 Bb14 本地化运营策略 Bb15 多层次发展战略 Bb16 多领域发展战略 Bb17 分析核心优势 Bb18 提升研发水平 Bb19 整合企业资源 Bb20 共同准则 Bb21 道德标准 Bb22 社会福利 Bb23 社区关系

续表

企业发展阶段	原始资料摘录	开放编码 初步概念化	副范畴化
成长阶段	AC集团目前在海外投资设立AC美国、AC欧洲等6家独资或合资企业，员工100余人，已形成了遍布全球60多个国家和地区的营销和服务网络。这使得其在及时响应客户的最新需求和信息的同时，也为客户能够在第一时间得到品牌产品的技术和售后服务提供了保障。	Ab17 中国—东盟自由贸易区全面降税计划正式实施 Ab18 中国在美能源领域投资进一步加大 Ab19 中美将继续在油气等领域开展商务交流与合作 Ab20 制造业企业需要管理和整合资源 Ab21 中国制造业发展潜力巨大 Ab22 中美多次经济贸易对话 Ab23 中美进一步推进在能源领域的合作 Ab24 以国际管理标准建立生产工厂 Ab25 创立全员质量管理系统 Ab26 践行多层次多领域发展战略 Ab27 获取多个高端客户批准认证 Ab28 在多国创办合资企业 Ab29 拥有多家分销商 Ab30 在国内拥有多家独资企业 Ab31 形成遍布全球的营销服务网络 Ab32 向集团化的多工厂管理模式进行组织调整 Ab33 倡导"以人为本"的理念 Ab34 组织员工参与多项文化活动 Ab35 企业文化多层面发展 Ab36 决心打破国外同类产品在该行业的垄断 Ab37 在各个重要市场实现本地运营的策略 Ab38 管理层总结核心优势 Ab39 从客户的实际需求出发 Ab40 研发水平亟需提升 Ab41 政府颁奖 Ab42 遵守行业协会制定的规范标准 Ab43 遵守行业协会制定的企业发展规则	

第 4 章 出海之光：中国企业海外形象塑造的成功实践

续表

企业发展阶段	原始资料摘录	开放编码 初步概念化	开放编码 副范畴化
成长阶段		Ab44 相关行业协会监督 Ab45 政府咨询 Ab46 制造标准得到认证 Ab47 参与环保项目 Ab48 优化能源结构 Ab49 发展生态经营模式 Ab50 专业机构认证 Ab51 促进当地经济发展 Ab52 助力区域发展升级	
成熟阶段	中国提出建设"新丝绸之路经济带"和"21世纪海上丝绸之路"的合作倡议。依靠中国与有关国家既有的双多边机制，积极发展与沿线国家的经济合作伙伴关系。2015年3月28日，国家发展改革委、外交部、商务部联合发布了《推动共建丝绸之路经济带和21世纪海上丝绸之路的愿景与行动》。 受新冠疫情叠加国际油价下跌影响，油气开采行业及炼化行业短期受挫，但政策支持下预期中长期仍具有较好发展空间。	Ac1 "一带一路"倡议推动 Ac2 中国国际影响力提升 Ac3 中国与"一带一路"沿线国家建立战略合作伙伴关系 Ac4 世界各国支持"一带一路" Ac5 中阿建立全面战略伙伴关系 Ac6 欧盟相关经济发展战略与"一带一路"对接 Ac7 东南亚国家与中国地缘相近、文化相通 Ac8 尼日利亚制定优惠政策吸引中国投资者 Ac9 尼日利亚媒体赞扬"一带一路" Ac10 尼日利亚学者称应抓住"一带一路"机遇 Ac11 中国帮助"一带一路"沿线国家进行基础设施建设 Ac12 石油和天然气产业是中东的重点产业 Ac13 中国企业在中东共建大型工程项目 Ac14 石化工业是新加坡重点产业	Bc1 国内外政策支持 Bc2 政府间合作 Bc3 领导考察 Bc4 政策响应 Bc5 全球市场需求响应 Bc6 营销渠道布局 Bc7 经济发展水平提升 Bc8 经济合作增加 Bc9 对外投资加大 Bc10 重视技术研发 Bc11 技术国际鉴定 Bc12 部门监管 Bc13 政策支持 Bc14 政府干预 Bc15 税收优惠 Bc16 重点扶持 Bc17 荣誉称号 Bc18 核心客户维护 Bc19 客户需求满足 Bc20 绿色转型 Bc21 环保压力

续表

企业发展阶段	原始资料摘录	开放编码 初步概念化	开放编码 副范畴化
成熟阶段	国内油气管网建设加速、核电建设重启将带动AC阀门收入加速增长。中国工业阀门翘楚将迎来快速成长机遇。AC意大利成为初级橄榄球队赞助商。2014年中荷经贸合作进入快车道。根据中国海关统计，2019年中荷双边贸易额达851.5亿美元。截至2019年底，荷兰累计对华直接投资212.9亿美元，在欧洲各国中排名第三；中国对荷兰累计直接投资214亿美元，在欧洲各国中排名第二。AC阀门参加了万华化学举办的以"发展、合作、生态、共赢"为主题的2021年供应商大会，并荣获万华化学"金牌战略供应商"这一殊荣。	Ac15 化工产业、机械制造是荷兰的支柱产业 Ac16 新加坡贸易投资环境良好 Ac17 石油为尼日利亚支柱产业 Ac18 中国布局西非基建 Ac19 中美将继续在油气等领域开展商务交流与合作 Ac20 中国对外投资增多 Ac21 中阿贸易额不断增长 Ac22 中国与欧洲国家加强双边贸易合作 Ac23 意大利引进中国投资 Ac24 中国与荷兰双边投资快速发展 Ac25 受疫情影响，全球阀门行业短期内受挫 Ac26 2020—2021年国内阀门行业迎来快速成长机遇 Ac27 中国为尼日利亚的大型基础设施建设提供了巨大支持 Ac28 中在美能源领域投资进一步加大 Ac29 中国制造业发展潜力巨大 Ac30 相关技术及产品通过国际鉴定 Ac31 自主研发能力通过国家级产品鉴定 Ac32 建设高性能智能工厂 Ac33 投资新建阀门锻铸件生产基地 Ac34 主要产品达到国际先进水平 Ac35 承担国内高端进口阀门替代工作 Ac36 产品70%以上应用于石油天然气行业 Ac37 积极拓展核电、海工及铸件业务 Ac38 产品质量获得国际同行认可 Ac39 产品用于全球领先且技术工艺要求极为严苛的市场	Bc22 慈善捐赠 Bc23 污染控制 Bc24 社区活动 Bc25 员工关怀 Bc26 开拓创新 Bc27 踏实勤奋 Bc28 建立数据平台 Bc29 平台信息共享 Bc30 产品智能升级 Bc31 拓展业务类型 Bc32 拓宽行业覆盖面 Bc33 突破新领域 Bc34 重视国内市场 Bc35 布局发展中国家 Bc36 广泛认可 Bc37 普遍复制 Bc38 客户认同

第4章
出海之光：中国企业海外形象塑造的成功实践

续表

企业发展阶段	原始资料摘录	开放编码	
		初步概念化	副范畴化
成熟阶段	万华化学与AC阀门在万华烟台工业园举行了签约仪式，双方续签了第二个战略合作协议，并签署了万华美国项目阀门集中采购协议。万华是化工新材料行业龙头。在宁波举行的浙江LNG装车撬及配套设施扩建工程项目供应商表彰大会上，AC阀门因突出贡献被中海油授予"保障有力优秀供应商奖"。ACE-learning平台作为专业的人才发展平台将促进AC阀门人才培养工作走上更高一层台阶。在数字化时代下系统性地打造学习型组织，构建智慧型企业，是AC阀门可持续发展战略的重要组成部分……充分体现了AC阀门"尊重员工自我价值实现"的核心价值观。	Ac40 积极拓展新业务（核电等），使其成为新的营收增长点 Ac41 一半以上营收来自海外市场 Ac42 客户多为大型国际化企业 Ac43 助其客户签约国际订单 Ac44 国内重点客户多为大型国有企业 Ac45 多次被客户评为优秀供应商 Ac46 客户多位于石油、天然气、材料、硅基等行业 Ac47 助力全球可再生能源行业发展 Ac48 控股子公司因环保问题被责令停产整治 Ac49 响应政府对企业"绿色转型"的号召 Ac50 通过自主创新产品有效控制污染物排放 Ac51 提供员工关怀 Ac52 维护女性职工特殊权益 Ac53 积极参与市里举办的企业运动会 Ac54 王董事长将20万元奖金捐赠给慈善事业 Ac55 在意大利践行社会责任 Ac56 苏州政府大力支持 Ac57 成为江苏名牌产品 Ac58 政策支持，鼓励优势企业"走出去" Ac59 省市级商务发展专项资金扶持 Ac60 获"苏州市总部企业"荣誉称号 Ac61 企业所得税及关税减征 Ac62 海外合作遍布全球 Ac63 作为中国供应商参与国家间的国际科研合作项目 Ac64 获批多个国际市场准入证书	

187

续表

企业发展阶段	原始资料摘录	开放编码	
		初步概念化	副范畴化
成熟阶段	"为什么选择投资数控装备呢？集团的强项在'机械'，而'机械'的最高端就是数控机床，数控机床是所有机械的'工作母机'，这一高端领域有着无限广阔的发展前景。"AC阀门的数控机床已远销德国、英国、俄罗斯、美国等全球20多个国家和地区，2012年出口创汇达2000万美元。"数控机床这一块早晚会成为AC阀门的挑梁大将，未来几年内，数控机床销售额争取达到50亿元～60亿元，公司成为世界级的知名机床制造商。"对于未来，王保庆充满信心。江苏省名牌战略推进委员会公布了获得2017年获得江苏名牌产品的企业名单。AC阀门顺利通过了本次的复审评比工作，获得了江苏名牌产品荣誉证书。	Ac65 倡导踏实勤奋、认真负责 Ac66 开拓创新 Ac67 尊重员工自我价值实现 Ac68 运用数字化平台助力人才培养 Ac69 为新进员工适应职场提供培训和帮助 Ac70 从"阀门"拓展到"数控机床" Ac71 积极申领国际"通行证" Ac72 构建信息共享平台整合优势 Ac73 主营业务阀门大而不强 Ac74 营收依赖境外市场 Ac75 阀门行业出口压力增大 Ac76 董事长提出差异化战略的科技进步理念 Ac77 产品智能化升级 Ac78 扩大MRO市场 Ac79 形成覆盖全球的多层次网络营销体系 Ac80 大力拓展发展中国家市场和中东市场 Ac81 抓住国内市场发展机遇 Ac82 从"管理创新"路走向"战略发展"路 Ac83 政府认可 Ac84 产品通过国内外行业机构认证 Ac85 产品通过国产化鉴定 Ac86 员工称赞 Ac87 促进当地经济发展 Ac88 回馈当地（东道国）社区 Ac89 在行业广泛认可 Ac90 客户评价良好 Ac91 国内外媒体正面报道 Ac92 经营模式行业内效仿 Ac93 在客户眼中具有知名度 Ac94 被客户所熟悉	

第 4 章
出海之光：中国企业海外形象塑造的成功实践

② 主轴编码

研究团队通过对前述分析过程得到的 78 个副范畴进行反复比对及探讨，根据各个副范畴之间的内在关系将其进行系统性聚类分析，最终归纳出 25 个主范畴（编码前缀为 C），如表 4-5 所示。

表 4-5 主轴编码示例

主范畴	副范畴
C1 制度环境	Bc1 国内外政策支持；Bc2 政府间合作；Bc3 领导考察；Bc4 政策响应
C2 市场环境	Ba1 国内企业竞争机制不健全；Bb1 国内外市场机遇加速发展；Bc5 全球市场需求响应；Bc6 营销渠道布局
C3 经济环境	Ba2 国际贸易关系稳定；Bb2 金融危机影响较大；Bc7 经济发展水平提升；Bc8 经济合作增加；Bc9 对外投资加大
C4 行业环境	Ba3 行业竞争激烈；Ba4 利润潜力提升空间大；Bb3 行业结构升级
C5 技术研发能力	Bb4 发展核心技术；Bb5 研发能力认证；Bb6 发展自主品牌；Bc10 重视技术研发；Bc11 技术国际鉴定
C6 生产制造能力	Ba5 生产制造规模较小；Ba6 代工生产；Bb7 生产智能化；Bb8 系统集成化
C7 产品属性特征	Ba7 贴牌制造国外产品；Bb9 产品差异化；Bb10 客户参与；Bb11 高端产品替代；Bb12 质量认可
C8 财务资源能力	Ba8 行业影响营收；Ba9 新营收点拓展；Ba10 海外营收占比大
C9 政企关系维护	Ba11 创始人国企出身；Bc12 部门监管；Bc13 政策支持；Bc14 政府干预；Bc15 税收优惠；Bc16 重点扶持；Bc17 荣誉称号
C10 客户关系管理	Bb13 客户导向；Bc18 核心客户维护；Bc19 客户需求满足
C11 社会责任履行	Bc20 绿色转型；Bc21 环保压力；Bc22 慈善捐赠；Bc23 污染控制；Bc24 社区活动；Bc25 员工关怀
C12 企业文化建设	Bc26 开拓创新；Bc27 踏实勤奋
C13 海外市场利益获取	Ba12 结合不同类型企业优势；Ba13 选择自主创业；Ba14 利用常规技术模仿经营
C14 创新打造自主品牌	Bb14 本地化运营策略；Bb15 多层次发展战略；Bb16 多领域发展战略；Bb17 分析核心优势；Bb18 提升研发水平；Bb19 整合企业资源

续表

主范畴	副范畴
C15 全球战略布局	Bc28 建立数据平台；Bc29 平台信息共享；Bc30 产品智能升级；Bc31 拓展业务类型；Bc32 拓宽行业覆盖面；Bc33 突破新领域；Bc34 重视国内市场；Bc35 布局发展中国家
C16 规制合法性	Ba15 政府认可；Ba16 行业协会监督；Ba17 强制机构认可
C17 规范合法性	Bb20 共同准则；Bb21 道德标准；Bb22 社会福利；Bb23 社区关系
C18 认知合法性	Bc36 广泛认可；Bc37 普遍复制；Bc38 客户认同
C19 适应性获取策略	Ba6 代工生产；Ba7 贴牌制造国外产品；Ba15 政府认可；Ba16 行业协会监督；Ba17 强制机构认可；Ba13 选择自主创业；Ba14 利用常规技术模仿经营
C20 选择性获取策略	Bb4 发展核心技术；Bb5 研发能力认证；Bb6 发展自主品牌；Bb17 分析核心优势；Bb18 提升研发水平
C21 操控性获取策略	Bb19 整合企业资源；Bc18 核心客户维护；Bc19 客户需求满足；Bc28 建立数据平台；Bc29 平台信息共享；Bc30 产品智能升级；Bc31 拓展业务类型；Bc32 拓宽行业覆盖面
C22 创造性获取策略	Bc33 突破新领域；Bc34 重视国内市场；Bc35 布局发展中国家；Bc20 绿色转型；Bc21 环保压力；Bc22 慈善捐赠；Bc23 污染控制；Bc24 社区活动；Bc25 员工关怀
C23 海外业绩形象	Ba4 利润潜力提升空间大；Ba5 生产制造规模较小；Ba6 代工生产；Ba7 贴牌制造国外产品；Ba8 行业影响营收；Ba9 新营收点拓展；Ba10 海外营收占比大
C24 海外品牌形象	Bb4 发展核心技术；Bb5 研发能力认证；Bb6 发展自主品牌；Bb9 产品差异化；Bb11 高端产品替代；Bb12 质量认可；Bb18 提升研发水平
C25 海外社会形象	Bc18 核心客户维护；Bc19 客户需求满足；Bc20 绿色转型；Bc21 环保压力；Bc22 慈善捐赠；Bc23 污染控制；Bc24 社区活动；Bc25 员工关怀；Bc26 开拓创新；Bc33 突破新领域；Bc36 广泛认可；Bc37 普遍复制；Bc38 客户认同

③ 选择编码

核心范畴具有统领性的地位，是提炼出的所有主范畴的核心，也是对所有分析资料数据的总结概括。基于本节研究的研究目的和上述分析过程,将主轴编码过程中形成的 25 个主范畴进一步进行整合和精练,在前述文献综述的基础上,根据案例企业的发展阶段串联出完整的"故事线",构建出以下能够概括全部主范畴的核心范畴,如表 4-6 所示。

表 4-6 选择编码

核心范畴	主范畴
外部环境因素	C1 制度环境;C2 市场环境;C3 经济环境;C4 行业环境
内部情境因素	C5 技术研发能力;C6 生产制造能力;C7 产品属性特征;C8 财务资源能力;C9 政企关系维护;C10 客户关系管理;C11 社会责任履行;C12 企业文化建设
管理者主导逻辑	C13 海外市场利益获取;C14 创新打造自主品牌;C15 全球战略布局
组织合法性	C16 规制合法性;C17 规范合法性;C18 认知合法性
组织合法性获取策略	C19 适应性获取策略;C20 选择性获取策略;C21 操控性获取策略;C22 创造性获取策略
企业海外形象	C23 海外业绩形象;C24 海外品牌形象;C25 海外社会形象

④ 理论饱和度检验

本团队的研究人员将剩余文本资料,即用作理论饱和度检验的 2 份一手资料及 3 份二手资料进行了三级编码,未得出新的概念和范畴。此外,本团队的研究人员还将得到的范畴及模型致函 AC 阀门的受访者,经过详细的解释说明,受访者认为概念及范畴归纳与企业实际情况相吻合,且未提出新的看法和意见,据此判定本节研究的理论已达到饱和状态。

4.2.4 模型构建与阐释

本节研究发现企业组织合法性的获取及其海外形象的建立与发展是企业管理者通过注意力判断过程，对企业内外部情境因素进行感知、注意、选择和判断，进而形成企业不同发展阶段的管理者主导逻辑，催生出个体管理者和组织管理层的单项或互动给赋，在选择合适组织合法性获取策略的基础上，产生适应性、选择性、操控性和创造性组织行为，最终建立适应于企业不同发展阶段的企业海外形象。本节针对案例企业，明确其各发展阶段，在对相关理论和文献进行梳理的基础上，对案例数据进行分析编码，并阐释企业海外形象的生成机理。

（1）企业海外业绩形象的生成机理

① 管理者主导逻辑形成过程

由于国内阀门行业竞争制度不够健全和老牌国营企业存在管理缺陷，同时西方发达国家阀门产业逐步向中国等发展中国家转移，国内兴办了许多阀门企业，但绝大部分是为国外阀门企业贴牌加工，没有形成自己的品牌。面临着这些情境因素，企业管理者在企业初创阶段分析市场需求之后，决定自主创业，先"走出去"，再"闯回来"，结合国企民企等企业优势，从最开始的分销业务到制造业务，从分销商到制造商进行企业转型，进行国外阀门品牌的生产制造，并不断学习国外先进管理模式。通过感知、注意、选择、判断的过程，将管理目标进行分解、落实，形成管理者主导逻辑的核心——利益获取，进而形成"贴牌生产求生存"的管理者主导逻辑，通过对国外企业的学习，初步形成企业初创阶段的发展决策，帮助企业进行组织合法性获取策略的选择。

② 组织合法性获取过程

在组织合法性获取过程中，个体层管理者的主导逻辑将跨越到组织管理层，企业管理者通过单向传输给赋将其认知传输给企业组织，引导企业组织形成具有导向型的主导逻辑。在这一阶段当中，企业管理者通过个人帮助和引导组织制订企业发展战略，开始向制造企业转型，贴牌加工生产国外阀门品牌产品，进一步制订和实施统一战略，进而形成主导逻辑引导企业组织实现管理发展目标。初创阶段的企业规模较小，企业发展方向主要依靠企业领导者的个人决策，所以企业领导者将其现阶段以利益获取为核心的主导逻辑单向传输给企业组织，帮助组织明确各个部门的职责和需要遵循的规范及制度，进一步利用规范及制度打造企业标准化的运营模式，同时在国际市场当中获得东道国政府认可和行业机构国际认证。AC 阀门的组织形式和经营模式也在这一阶段当中调整和改变，其不断获取规制合法性，最终落实贴牌加工生产的适应性获取策略。在此过程中，个体层管理者为进入阀门市场，发掘市场需求，通过单向传输给赋引导企业进行贴牌加工生产、攫取市场利益，帮助企业获取适应海外发展环境的组织合法性。

③ 企业海外业绩形象建立过程

在企业初创阶段，海外形象建设的重点是提升其企业业绩形象。这一阶段的 AC 阀门刚刚起步，急需在行业内站稳脚跟，不断提升其生产制造能力。想要夯实发展基础，打造良好的海外业绩形象是企业适应和融入行业发展环境的正确选择。作为一家制造商，制造能力强、生产产品质量高、产品能够满足各种行业标准等是其打好基础的关键一步。所以，AC阀门在前述适应性获取策略的指导下，为了提升其海外业绩形象，通过实施适应性组织行为，一方面学习先进制造技术，另一方面发展和完善企业自身的核心技术体系。同时，AC阀门不断提高工厂配套、设备制造与技术创新能力，形成具有自身特色的阀门制造技术，进而保证企业满足国外政策法规与技术标准的要求，不断夯实企业发展基础。

外部环境因素及内部情境因素触发了企业管理者"贴牌生产求生存"的主导逻辑的形成，管理者主导逻辑催生了企业对其当前发展阶段组织合法性获取策略的选择，即基于规制合法性维度选择了标准化运营、感知国外政策和技术要求等适用于此阶段的适应性获取策略，组织合法性获取策略的选择又产生了企业后续为提升其海外业绩形象所采取的相关行动。基于"动因—认知—行为—结果"的思维逻辑，AC阀门企业海外业绩形象的生成机理如图4-10所示。

（2）企业海外品牌形象的生成机理

① 管理者主导逻辑形成过程

由于国内外石油能源产业飞速发展，市场前景良好，与之配套的阀门行业也得到了快速发展，同时，越来越多国家采取开放性政策吸引国外投资，中国企业开始与国外企业合作开发许多大型能源项目。以上情境因素的交织，使AC阀门管理者在企业成长阶段敏锐地感知数控装配行业存在的巨大机遇与挑战，发现了工业阀门的技术缺口，决定进行自主研发，大力开展技术创新，发展自主品牌，大幅投资中国的数控机床工业，以满足中国地区对金属加工高端设备高速增长的需求，实现精密机床国产化，打破国外同类产品在该行业的垄断。从最开始的贴牌加工制造，向发展 AC 阀门自主品牌不断转型，打造掌握自主核心技术的企业品牌。通过感知、注意、选择、判断的过程，以及管理者对市场机遇的挖掘和把握实现管理目标，形成管理者主导逻辑的核心——技术创新，进而形成"品牌创新谋发展"的管理者主导逻辑，通过打造自主品牌和核心技术，进一步制订企业成长阶段的发展决策，帮助企业进行组织合法性获取策略选择。

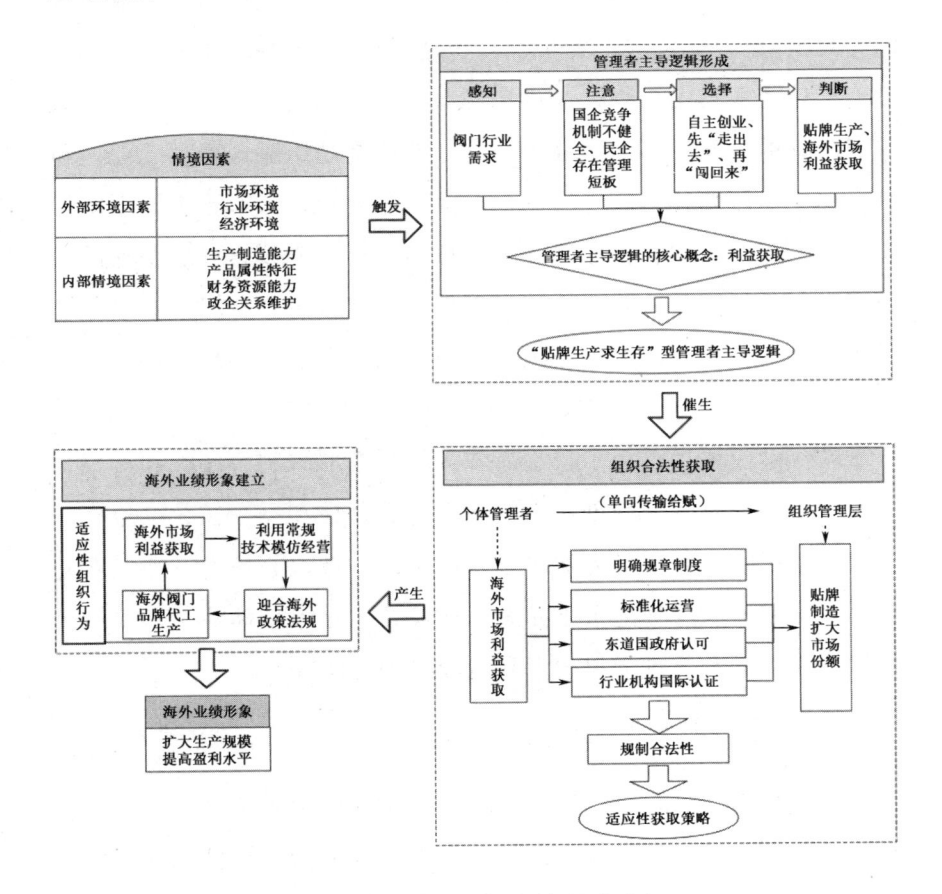

图 4-10 企业海外业绩形象的生成机理

② 组织合法性获取过程

在组织合法性获取过程中，个体层管理者的主导逻辑向组织管理层逻辑的跨越，是通过企业管理者与企业组织双向互动给赋的过程将其认知输送给组织进行的，这一互动引导企业组织形成具有导向型的主导逻辑。在这一阶段当中，企业现有的能力和资源已无法满足快速更新的技术要求及各国间不尽相同的政策环境，企业需要实现结构化改革，打造管理者团队，使管理者个人在指引企业组织的同时，能够及时得到企业组织对管理团队认知、战略思考的反馈，进而打造企业自主品牌，最终形成企业组织的主导逻辑。管理团队将其管理的主导逻辑与企业组织进行双向互动给赋，帮助企业构建自主的技术创新体系、开展创新产品国际鉴定、获取更多国家的市场准入、获取行业协会监督、强制机构认可，遵循行业道德标准的同时不断维护客户关系。此外，管理团队能够将企业组织高层与基层相连接，帮助 AC 阀门形成了"以人为本"和"创新"的企业文化，从而能够统一企业的发展目标，帮助企业在行业内立足。AC 阀门在这一阶段逐步打造了自主品牌，不断获取规制合法性和规范合法性，最终落实"品牌创新谋发展"的选择性和操控性获取策略。在这个过程中，管理者为加快创新研发，发展核心技术，通过双向互动给赋引导企业打造自主品牌，构建自主技术创新体系，帮助企业获取适用于当前政策和技术环境的组织合法性。

③ 企业海外品牌形象建立过程

处于成长阶段的 AC 阀门，其海外形象的建设重点在于提升企业品牌形象。这一阶段 AC 阀门的生产制造能力已得到极大提升，已经逐渐站稳脚跟，但是长期贴牌生产其他品牌的产品很难长久地在行业内立足，想要进一步提升核心竞争力，企业良好的海外品牌

第 4 章
出海之光：中国企业海外形象塑造的成功实践

形象是其向更高层次发展的助推器。作为一家生产具备技术含量产品的制造商，研发自主品牌产品和核心技术、打造企业文化、践行企业社会责任都是 AC 阀门良好的实践方向。所以，AC 阀门在前述选择性及操控性获取策略的指导下，为了提升其海外品牌形象，通过实施选择性组织行为和操控性组织行为，一方面通过执行严格质量管理体系，选择有利资源，对标国际先进标准，缩小技术差距，另一方面通过打造多元化产品，树立 AC 阀门的独特形象。同时，通过参与环保项目、制订行业标准、助力企业所在区域经济发展、发展生态环保经营模式、提升客户认可度，逐渐打造企业自主品牌。

外部环境因素及内部情境因素触发了企业管理者"品牌创新谋发展"的主导逻辑的形成，管理者主导逻辑催生了企业对其当前发展阶段组织合法性获取策略的选择，即基于规制合法性和规范合法性维度选择了获取客户认同、践行企业社会责任、促进区域经济发展升级等适用于此阶段的选择性和操控性获取策略，组织合法性获取策略的选择又产生了企业后续为提升其海外品牌形象所采取的相关行动。基于"动因—认知—行为—结果"的思维逻辑，AC 阀门企业海外品牌形象的生成机理如图 4-11 所示。

（3）企业海外社会形象的生成机理

① 管理者主导逻辑形成过程

随着"一带一路"倡议的提出，我国旨在构建全方位、多层次、互联互通的开放新格局，中国企业"走出去"的步伐也在不断加快。但当前国际格局和国际体系正在发生深刻变革及调整，国际力量也发生了近代以来最具革命性的变化，且伴随着经济全球化的浪潮，来自发达国家的企业已经基本控制了全球主要产业链的关键环节，中国企业想要在全球产业链上寻求提升企业海外形象的竞争优势，依旧是一场十分重要的攻坚战。因此 AC 阀门的管理者感知到了这风云变幻的国际制度环境及国内的政策优势，同时注意到其海外市场营销布局中因地域差异、风俗习惯差异等不断发生的文化冲突，发现只有减少与当地员工、客户等利益相关者的文化冲突，融入当

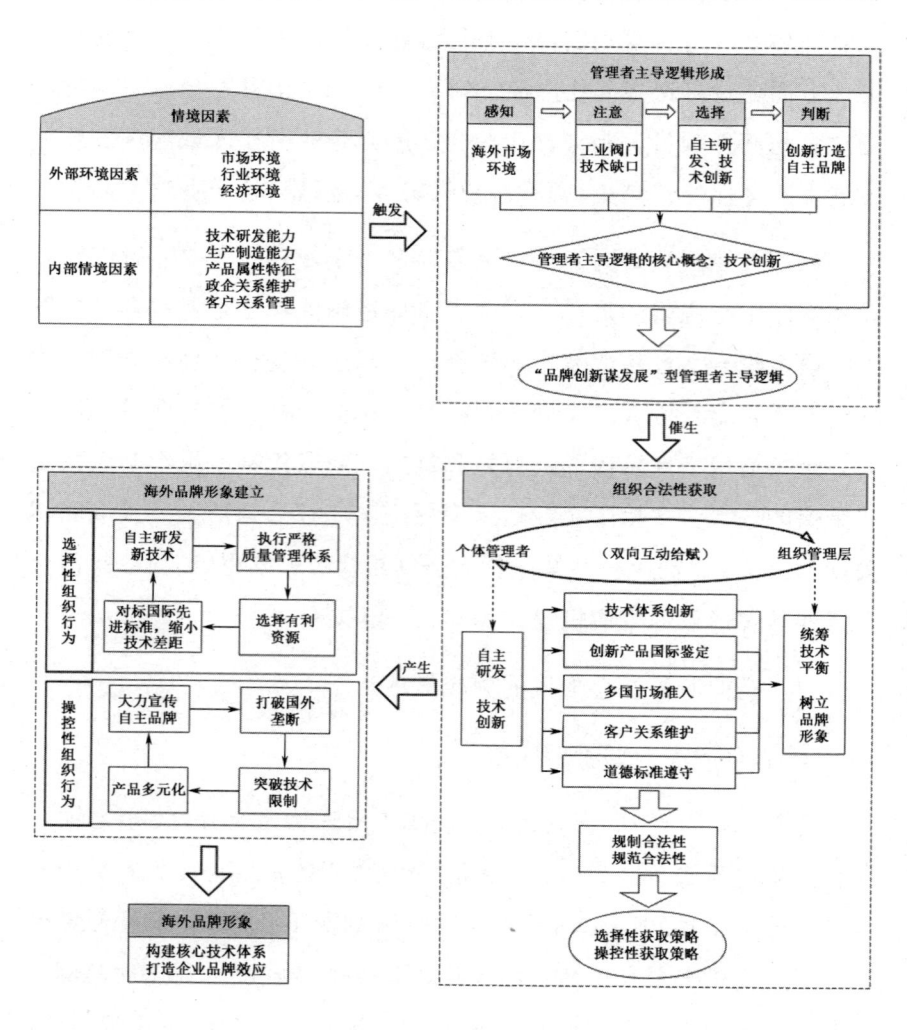

图 4-11　企业海外品牌形象的生成机理

地社区，才能让企业在海外更好地发展。所以 AC 阀门的管理层选择在"一带一路"倡议的机遇下乘胜追击，建立覆盖全球的多层次网络营销体系，践行企业社会责任，缩小文化差异、提升组织合法性，并不断布局全球战略，成长为国际知名的工业阀门制造商。在这一阶段，AC 阀门正处于发展的成熟期，作为一家上市公司，其管理层的知识结构中不同的概念交织，其认知结构更为复杂。这种复杂的认知结构可以促使企业管理层更容易注意到环境中纷繁复杂的信息变化并进行快速响应，增加了企业决策调整的柔性。基于国家政策诉求及企业自身发展战略规划部署的要求，AC 阀门管理者通过"感知—注意—选择—判断"这一注意力配置流程，建立了以"全球战略布局"为核心的主导逻辑，通过对母国和东道国政策的解析，逐步解构企业现阶段的发展过程，帮助企业选择组织合法性获取策略以实现未来发展目标。

② 组织合法性获取过程

在组织合法性获取的过程中，组织管理层与组织利益相关者通过彼此间构建起的价值网络来共享认知，以实现双方主导逻辑的统一，便于企业在复杂多变的国际环境中求得发展并满足各方需求。在这一阶段，企业虽然具有较为丰富的发展资源和成熟的海外营销管控渠道，但其资源配置模式固化、跨文化冲突不断、社会责任履行欠缺等，导致不能快速适应国内国际政策及形势的发展变化，无法融入当地社区，更无法确保企业利益相关者的主导逻辑实现统一。因此，管理层需解构并传输其组织行为，利用价值网络和信息平台传输企业信息及主导逻辑，确保其能够得到快速响应并积极进行调整，让企业管理层的主导逻辑同利益相关者的主导逻辑相融合，帮助企业形成适应该发展阶段的组织合法性获取策略。所以在该阶段的企业管理层基于其"统筹政策机遇、布局全球战略"的主导逻辑，同利益相关者"平衡多方利益、创新共同发展"的主导逻辑相匹配、相融合，通过拟定数据平台化、服务全球化、资本市场利用、社区关系维护、社会广泛认可等相关组织合法性获取具体措施，从规范合法性和认知合法性的维度出发，将操控性获取策略及创造性获取策略相匹配，从而得到企业成熟阶段所需的组织合法性获取策略。

③ 企业海外社会形象建立过程

处于成熟阶段的 AC 阀门，在企业海外形象的建立上，重点提升其海外社会形象。因其现已成为国内领先、国际知名的工业阀门制造商，无论生产制造能力，还是产品质量特征，抑或技术研发创新，AC 阀门都在稳步推进，并且目前其发展目标为进行全球战略布局，想要在国际市场得到长足发展，良好的海外社会形象是其可持续发展的稳定剂。AC 阀门不仅是生产工业阀门的制造商，更是参与国际社会实践、履行国际社会责任的国家形象代言人和全球企业公民，奉公守法、促进生态平衡、参与社会公益事业、关心社区繁荣发展、促进社会精神文明建设等都是其塑造良好海外社会形象的实践方向。所以，AC 阀门在前述操控性及创造性获取策略的指导下，为了提升其海外社会形象，通过实施操控性组织行为和创造性组织行为，不断布局全球营销网络，创新海外发展模式。在此过程中，企业实施产业整合，将原先的"产品领先"策略升级为"技术+产品+服务"策略，并构建数字化平台以布局全球战略，同时践行企业社会责任，助力当地经济发展、共同维护社区和谐，以此来不断创新企业发展理念。

外部环境因素及内部情境因素触发了企业管理者"全球布局为腾飞"的主导逻辑的形成，管理者主导逻辑催生了企业对其当前发展阶段组织合法性获取策略的选择，即基于规范合法性和认知合法性维度选择了适用于此阶段的操控性获取策略和创造性获取策略，组织合法性获取策略的选择又产生了企业后续为提升其海外社会形象所采取的相关行动。基于"动因—认知—行为—结果"的思维逻辑，AC 阀门企业海外社会形象的生成机理如图 4-12 所示。

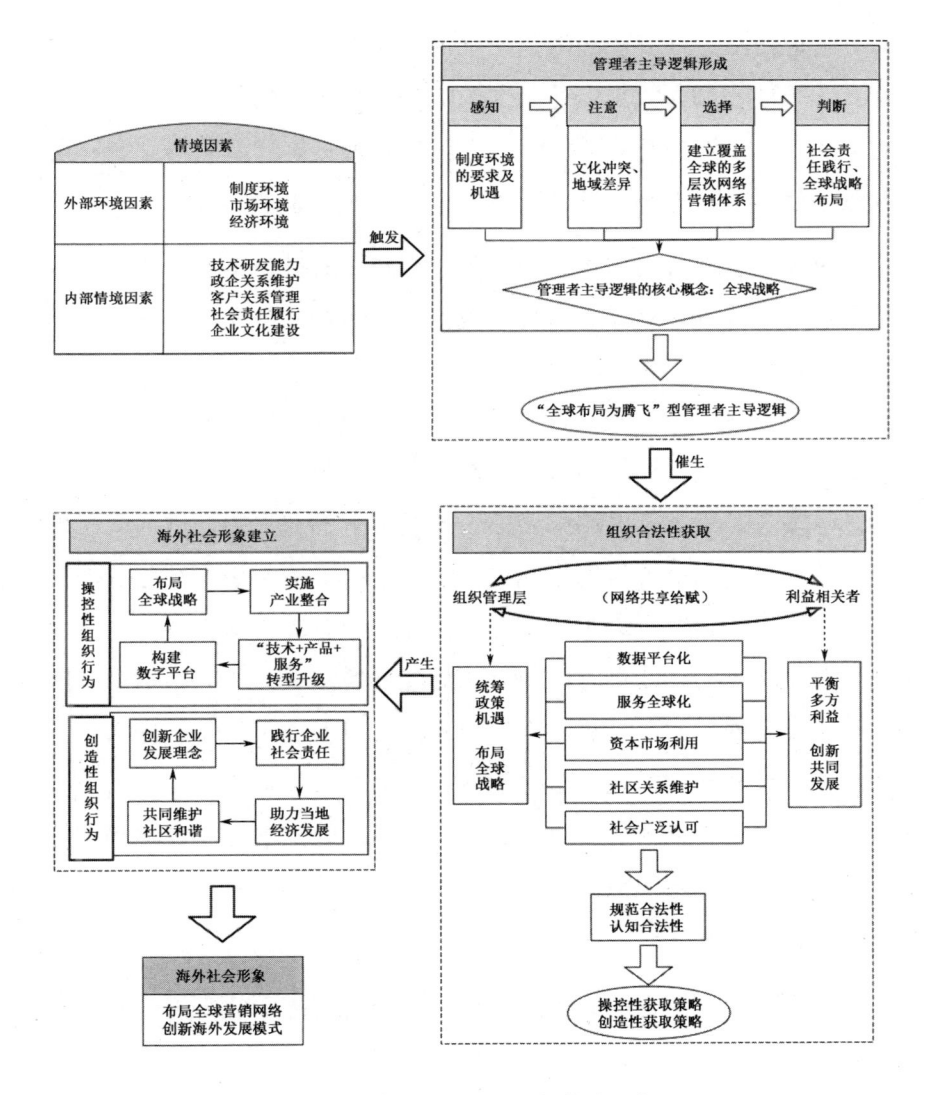

图 4-12 企业海外社会形象的生成机理

4.2.5 本节结果讨论

管理者在企业外部环境因素及内部情境因素的触发下，会形成具有一个核心概念或多个复杂交织概念的主导逻辑，在此主导逻辑的催生下，企业选择相应的组织合法性获取策略，并指导企业有所侧重地建立适应于不同发展阶段的企业海外形象。

首先，管理者主导逻辑构建的过程是企业进行组织合法性获取策略选择的重点。管理者以现阶段的发展目标和企业能力，对内外部环境和情境因素进行"感知—注意—选择—判断"的注意力配置过程是管理者在企业发展每个阶段主导逻辑形成的主要途径。管理者结合企业当前发展目标和企业能力，对外部环境和内部情境进行感知、注意，进一步对感知到的信息进行解释和选择，进而判断所选择的信息是否能够帮助企业选择现阶段合适的组织合法性获取策略，助力企业建立其海外形象。在此过程中，管理者依据自身经验、能力及对市场的判断进行组织合法性获取策略选择，并根据企业现阶段所拥有的能力对外界环境做出感知，再通过"注意—选择—判断"这一过程形成对企业未来发展的认知，最终形成统筹技术、市场、政策等多元化主导逻辑。管理者的注意力配置过程决定了企业在进入下一发展阶段前，应内化何种内外部情境因素并做出何种发展判断和策略选择。

其次，与企业当前阶段发展目标及能力相适配的组织合法性获取策略是推动企业提升其海外形象的关键环节。企业结合当前发展境况不断调整其主导逻辑，利用现有内外部发展资源并协调潜在已有资源，通过践行规制合法性、规范合法性及认知合法性等行为，帮助其实现"海外业绩形象—海外品牌形象—海外社会形象"的进阶。在企业初创阶段，资源匮乏，组织以"拓展业务扩大海外市场"的主导逻辑聚焦行业发展方向，指导组织通过践行规制合法性相关行为，实施适应性获取策略，帮助企业扩大生产规模，提高盈利水平，最终提升其海外业绩形象；在企业快速成长阶段，其资源体系初具规模，组织以"创新技术打造品牌"的主导逻辑聚焦技术更新方向，指导组织通过践行规制合法性及规范合法性相关行为，并行选择性及操控性获取策略，帮助企业构建核心技术体系，打造知名品牌效应，最终提升其海外品牌形象，实现海外业绩形象向海外品牌形象的进阶；在企业成熟发展的阶段，其资源足够丰富，组织以"布局全球战略"的主导逻辑聚焦其商业发展模式，指导组织通过践行规范合法性及认知合法性相关行为，并行操控性及创造性获取策略，帮助企业布局全球营销网络，创新海外发展模式，最终提升其海外社会形象，实现海外品牌形象向海外社会形象的进阶。

最后，适配企业外部情境及内部能力的管理者主导逻辑、基于管理者主导逻辑的组织合法性获取，以及组织合法性获取策略指导下的组织行为，对企业海外形象的建立具有重大影响。企业管理者应根据海外环境的变化及企业的内在能力，不断改变注意力，调整其主导逻辑的核心概念，积极提升自身的认知能力，并依照企业现阶段所处环境、组织架构、组织规模、运营流程及技术体系等选择合理的主导逻辑构建方式，指导企业选择合适的组织合法性获取策略，聚焦重点，有的放矢。

第 5 章

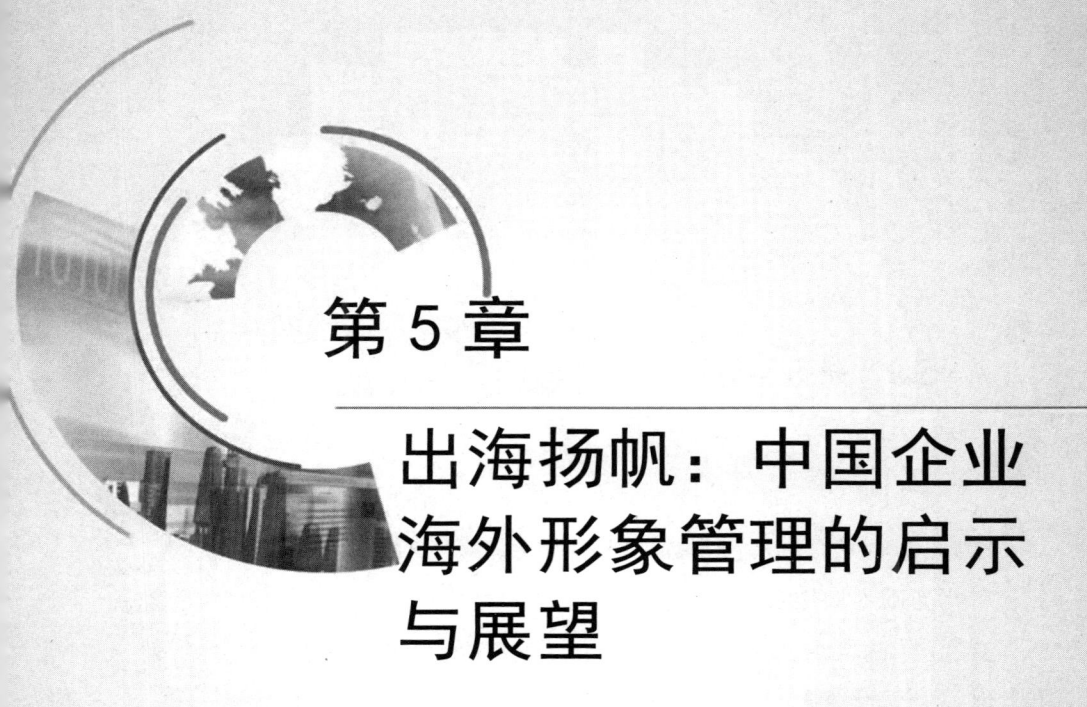

出海扬帆：中国企业海外形象管理的启示与展望

- 研究结论
- 实践启示
- 研究局限及展望

5.1 研究结论

本研究基于制度理论、动态能力理论和信号理论，对企业国际化、组织合法性和海外形象等核心变量进行了研究梳理与文献综述，在此基础上运用实证研究方法探索了"走出去"的中国企业国际化要素对组织合法性的影响，进而采用质性研究方法探究了组织合法性与海外形象之间的关系机理，主要结论如下。

5.1.1 企业国际化相关要素对组织合法性影响的实证研究结论

第一，企业国际化深度和国际化广度都会显著且正向地作用于组织合法性，这意味着"走出去"的中国企业，不论采用国际化深度策略还是国际化广度策略，都有利于获得组织合法性；而企业的利用式和探索式创新能力会对国际化策略影响组织合法性的机制产生不同的调节作用。

具体而言，企业通过国际化深度策略深挖某些特定海外市场，从而能够更快地获取组织合法性；同时，企业通过国际化广度策略，不断挖掘新市场，扩大业务范围，大范围地汲取来自不同地域的发展经验，从而为获得组织合法性提供经验支持。此外，利用式创新能力对国际化深度、国际化广度与组织合法性的关系产生了显著的正向调节效应，探索式创新能力对国际化深度与组织合法性之间的关系产生显著的正向调节效应，而对国际化广度与组织合法性不存在显著正向调节效应。国际化企业通过发挥利用式创新能力，在国际化深度策略中采用位置优势积累长期用户从而收获持续不断的组织合法性，在国际化广度策略中广泛搜寻全球化的市场与机遇，让更多的利益相关者了解并认可其产品或服务，从而获取全球更大范围的组织合法性。同时，企业还可以发挥探索式创新能力，在国际化深度策略中更深入地融入东道国，实现无国界的价值交流与资源共享，由此获取组织合法性。国际化广度策略侧重于国际化的范围最大化，注重数量而不注重质量，因此通过探索式创新能力而创造的服务或产品很可能得不到海外市场及时有效的认识与支持，从而阻碍了企业对组织合法性的获取。

第二，国际化动态能力的学习吸收能力、资源整合能力对组织合法性具有显著的正向影响作用，而环境感知能力对组织合法性无显著的影响；制度距离分别负向调节学习吸收能力、资源整合能力与组织合法性间的关系，而制度距离对环境感知能力与组织合法性间的关系的负向调节作用不显著。

具体而言，学习吸收能力能够帮助中国企业应对跨国经营中出现的种种阻碍，通过对技术、商业模式和管理模式等方面的学习，将其吸收内化为自己企业的知识与流程，有助于企业缩小与东道国市场企业在合作创新中的差距，从而获得内外部利益相关者的认同，获得组织合法性；资源整合能力整合组织合法性的相关资源，帮助企业创立符合东道国环境的组织架构、管理团队和操作流程，以及利用各种资源来获得和维持跨国企业的组织合法性。环境感知能力未起到相应的作用，可能是组织合法性观察者对于跨国企业风险规避的态度偏向于中立，从而不会削减和增加组织合法性。制度距离加深了企业与东道国在管制、规范和认知上的鸿沟，使企业难以快速和有效地向东道国利益相关者学习并吸收本地经营的知识，也无法在短期内理解整合组织合法性资源的具体要求，影响学习吸收能力和资源整合能力对组织合法性获取产生的积极效果；制度距离的存在意味着制度的不确定性，可能愈发加强组织合法性观察者对于跨国企业风险规避的中立态度，因此制度距离对环境感知能力与组织合法性间的关系的影响不明确。

第三，研发国际化的广度与组织合法性之间具有显著正相关关系，研发国际化深度对组织合法性具有负向作用，而国际化速度和国际化节奏在研发国际化广度、深度与组织合法性之间的关系方面起到了不同的调节效应。

具体而言，研发国际化可以从广度与深度两方面进行考量，研发国际化广度与组织合法性之间具有显著的正向影响，这是因为随着企业研发国际化范围的扩大，企业将会接触到种类颇多的学习机会，也会了解更多不同国家的消费需求。通过不断解决面临的问题，利益相关者的需求不断得到满足，东道国的公众将会改变对中国企业的刻板印象，因而"走出去"的中国企业的组织合法性也将得到提升；研发国际化深度对组织合法性具有负向作用，即企业研发国际化的深度越大，东道国出于本土保护，会减少先进技术外流，并且会不断加大对跨国企业的限制，对"走出去"的中国企业组织合法性构建产生不利影响。此外，本研究证实了国际化速度会增强企业研发国际化深度对组织合法性的负向作用，国际化速度对研发国际化广度与组织合法性的削弱作用没有得到验证。本研究进一步发现国际化节奏会削弱研发国际化广度对组织合法性的正向作用，但在调节研发国际化深度与组织合法性之间的关系时没有起到显著的作用。

5.1.2 组织合法性对中国企业海外形象影响的扎根研究结论

1）消费者感知视角下组织合法性获取影响企业海外形象的过程遵循"信号（Signal）—信号传输过程（Process）—信号优化结果（Consequence）—信号环境（Context）"的 SPCC 理论框架，而企业海外形象则通过激情引领型和情感承诺型的路径逐步提升。

第一，参考信号理论对信号传输路径的讨论，通过对案例企业的扎根研究，发现在东道国制度环境和社交媒体情境下，海外消费者面对企业发出的组织合法性获取行动信号，会通过思维模式解析和知识加工的感知过程，产生对企业信号的特定感知，并据此进行信息生产和信息共享，从而会产生信任或抵制等消费者反应。针对消费者反应，企业会产生相应的海外形象生成策略。同时，研究发现企业会采取适用于企业当期发展的海外形象生成策略，单点突破期的企业多采用深耕式策略，场景拓展期的企业会采用延伸式策略，协同共生期的企业以重塑式策略为主。

第二，企业海外形象提升路径是一种从激情引领型海外形象提升向情感承诺型海外形象提升攀升的过程。激情引领型海外形象提升是企业不断收集海外消费者感知信息，进而调整优化组织行为以激发海外消费者对企业产品的激情。它可以增强海外消费者和企业间的联系，提升企业海外形象，并促使企业从单点突破期向场景拓展期发展。情感承诺型海外形象提升是企业不断进行信号优化以获得海外消费者对产品的承诺及复购欲望，能够使消费者为企业提供积极的形象感知判断和评价，帮助企业从场景拓展期向协同共生期跃迁。

2）从战略认知视角解析企业不同管理阶段下外部环境与内部情境触发管理者主导逻辑形成的内在机制，通过挖掘不同管理者主导逻辑对组织合法性战略选择的影响，同时阐释组织合法性战略与企业海外形象建立之间的关系，以建立"内外部情境因素—管理者主导逻辑—组织合法性战略选择—企业海外形象提升"的"走出去"的中国企业海外形象具体提升路径。

第一，外部环境和内部情境因素的叠加效应会影响管理者的注意力配置，导致其形成"感知—注意—选择—判断"的管理者主导逻辑判断过程。具体而言，初创阶段的企业主要受行业环境影响和财务资源能力低下、政企关系复杂等的制约，导致其选择"贴牌生产求生存"的发展路径，管理者主导逻辑以利益获取为主；成长阶段的企业多关注海外市场环境和经济环境，研判企业内部技术研发能力、产品特征属性和客户关系管理后，管理者目标转变为品牌创新谋发展，并产生技术创新的管理者主导逻辑；成熟阶段的企业多关注制度环境、企业社会责任履行和企业文化建设，管理者以全球战略为主导逻辑定位企业发展基调。

第二，管理者主导逻辑通过个体管理者、组织管理层和利益相关者之间的给赋机制来影响组织合法性战略选择。在"利益获取"主导逻辑下，个体管理者与组织管理层之间是一种专注于提升生产效益的单向传输给赋，着重于规制合法性获取，适合适应性战略；在"技术创新"主导逻辑下，个体管理者与组织管理层基于技术平衡和品牌形象这两个目标形成双向互动给赋，对规制合法性和规范合法性获取的要求使得企业形成选择性战略和操纵性战略；在"全球战略"主导逻辑下，组织管理层为与海外利益相关者建立共同认知，会采用网络共享给赋以融入当地社区，对合法性的要求进阶至规范合法性和认知合法性，从而采取操纵性战略和创造性战略。

第三，组织合法性战略指导企业海外形象向满足不同发展阶段需求的方向跃迁。在初创阶段，企业出于满足基本生存的需求，以适应性战略的方式来建立海外业绩形象；在发展阶段，企业会向品牌化方向进阶，而选择性及操控性战略并行的方式有利于企业建立海外品牌形象；在成熟阶段，企业商业发展模式不局限于品牌，企业更多地聚焦于社会化影响，因此企业选择操控性及创造性战略指导海外社会形象的建立。

5.2 实践启示

随着企业全球化步伐的加快，提升"走出去"的企业海外形象越来越成为企业海外经营的重点关注内容。在此过程中，获取并维护组织合法性起着不容小觑的作用，因此研究组织合法性对"走出去"的企业海外形象塑造的影响机制具有现实意义。根据本研究结论，对"走出去"的企业经营与管理提出以下建议。

5.2.1 "走出去"的中国企业组织合法性策略

（1）动态组合国际化的深度广度策略，发挥双元创新优势

"走出去"的中国企业要学会科学有效地实施国际化战略，因地制宜、因势利导地实施国际化深度和广度策略，辅以双元创新能力优势，进一步获取组织合法性。

首先，"走出去"的中国企业要善于利用国际化深度带来的深度嵌入模型，加强与目标市场的互动，努力增强综合实力以提升海外获利水平，获取隐性资源与组织合法性。但国际化深度的增加也会带来更大的挑战，尤其是在外部环境与企业自身资源的适配性方面，因为国际化深度的增加也意味着"走出去"的中国企业在海外市场中更高的国际嵌入。除了能带给企业更多市场信息及经验，更高的国际嵌入也会使得企业更加受制于东道国的制度文化环境，此时就需要企业在深度嵌入东道国市场的同时，也要保持企业自身的独特性和独立性。

其次，"走出去"的中国企业要善于利用国际化广度所带来的多样化和互补性资源，形成更多与企业发展相关的匹配点，积极促使企业与东道国利益相关者合作交流，以获取组织合法性。但国际化广度在增加企业资源多样性的同时，过宽的国际化广度也会将企业置于复杂性更高的环境，增加了环境不确定性风险。所以企业要在扩大国际化广度的同时，时刻关注扩张规模，避免海外经营的地理分散性导致资源摊薄问题，从而增加海外经营成本和风险。

再次，"走出去"的中国企业要动态组合国际化深度与广度策略，

克服单一策略的缺陷。企业不仅要注重提升科学决策水平,依据自身特点设计国际化发展策略和路径,对深度和广度的组合进行动态规划,将其控制在成效最大化的合理范围内,实现稳定健康的可持续性发展;更要循序渐进地推进国际化深度和广度策略,在布局统筹海外经营活动时,合理选择国家和地区,注意它们之间的分散性及同质性和异质性的匹配度,获取精进同质知识、吸收利用互补性异质知识,为企业获取组织合法性奠定良好基础。

最后,"走出去"的中国企业要强化整体创新能力,有选择性和针对性地发挥双元创新能力优势,通过提升利用式创新能力与探索式创新能力不断获取组织合法性。在提升利用式创新能力方面,企业要注重提炼、筛选和效率,要深度利用和开发现有知识和资源,重新定义和延伸现有技术、管理模式及竞争范式,在改进的基础上"做得更好";在提升探索式创新能力方面,企业需强调尝试、冒险和发现,搜寻开辟新知识、新市场、新渠道、新产品、新技术等,要在对新知识追求及新资源获取的基础上,进行突破并"做的不同"。同时,要保持双元创新能力的灵活性,针对不同情况采取不同的国际化策略,避免资源浪费,实现精准发力。对利用式创新能力较强的企业而言,采取国际化深度或国际化广度策略均可以促进企业获取组织合法性,而探索式创新能力较强的企业,更适合采取国际化深度策略获得组织合法性。

(2)夯实国际化动态能力建设,正确处理制度距离带来的影响

随着当今时代快速更迭,环境不断变化和市场竞争日益激烈,"走出去"的中国企业想要在东道国获取组织合法性,提升国际化动态能力和把握制度距离尤为关键。

首先,"走出去"的中国企业要不断提升环境感知能力。企业在对海外环境进行感知的过程中,要敏锐辨识风险,抓住机遇,不仅要对行业内海外市场的需求变化、产品实现工艺及相关技术更迭的变化速度及程度进行感知,也要对企业在海外细分市场中的客户构成、渠道建设、竞争方式及技术多样性等进行感知。"走出去"的中国企业在海外经营过程中,要避免冲动冒进而损兵折将,也要避免过分保守而错失良机。中国企业作为新兴市场跨国企业,在海外市场尤其是发达国家市场中通常会面临外来者劣势与来源国劣势,对于识别到的风险往往采取保守的规避策略,因此错失交流合作的良机。环境感知可以帮助企业识别海外市场潜在替代产品、替代技术及技术变化趋势,识别海外竞争者的产品信息,有利于企业进行差异化的产品定位和开展更有效的技术创新,从而获取组织合法性。

其次,"走出去"的中国企业要注重提升自身的学习吸收能力。企业要对先进、有益的知识与技术进行识别和利用,在获取外部知识和技术后,更要学会根据企业自身特点进行有机转换,充分发挥企业本地及海外员工的主观能动性,主动探索未知领域,主动学习吸收前沿知识技术,在理解吸收现有知识的基础上整合再创新,形成新的知识,并将这些新知识运用到改善原有流程、开发新产品和做出新决策上,持续增强企业面对复杂多变海外环境的适应能力,并形成新的竞争优势,助力企业打破原有核心能力的刚性约束。企业在提升海外创新积极性的同时,也进一步提升其创新的新颖性和本地适用性,从而融入当地市场环境,获取组织合法性。

再次,"走出去"的中国企业也应不断提升其资源整合能力。在资源识别上,企业管理者要依据自身知识和经验,深入探究企业未来发展方向,高效识别有价值、稀缺和不可替代的资源,为企业在东道国的生存夯实基础；在资源获取上，要熟识东道国市场环境，在东道国政治制度及法律规范许可的范围内获取资源；在资源配置和运用上，为确保能够顺利获取组织合法性，企业对其目前拥有的内外部资源进行重新评价与估算，在此基础上优化重组并衍生出更多资源，为企业在复杂多变的海外市场竞争中提供优势基础，将获取并经过配置的资源运用得当，形成企业的一种内化能力，帮助其快速适应陌生的东道国环境，充分利用新资源来弥补自身不足，获取组织合法性以建立市场优势。

最后，"走出去"的中国企业要重视制度距离对组织合法性获取的影响。企业应合理规划其国际化进程，正确把握母国与东道国的制度距离，可以选择在正式及非正式制度距离较小的东道国市场进行海外经营，避免不确定性风险，积累丰富的国际化经验。随着企业知识及资源的不断丰富、国际化动态能力的不断提升，跨国企业可以逐渐扩张至制度距离较远的东道国以布局全球战略。如果说，正式制度距离是海外经营的基础，那么非正式制度距离则是海外经营的保障，企业不仅要遵守当地市场规则及法律法规，获得显性知识及资源，更要注重与东道国社区、利益相关者的行为认知等隐性方面的契合，保障隐性知识及资源的获取及转移，双管齐下，不断获取组织合法性，以增强企业应对风险和危机的柔性和韧性。

（3）合理布局企业海外研发，协调控制国际化速度和节奏

随着我国企业不断走向海外，开展国际化经营，中国企业的综合实力正逐步提升，但还应看到，中国企业仍然会给人留下"大而不强"的尴尬印象，因此，难以得到东道国利益相关者的认同，也就无法获取组织合法性。基于此，有必要利用研发国际化来提升企业能力，同时协调控制国际化速度和节奏来改变刻板印象，以获得

组织合法性。

  首先,"走出去"的中国企业要进行研发国际化活动,积累经验,不断获取组织合法性。企业在自身资源条件允许的情况下,应当注重海外研发子公司的地理分散性,通过在多样化的东道国开展研发活动,不断扩展研发国际化广度,促使企业不断对自身做出改变,以有效应对东道国利益相关者多元化和差异化的需求。但是,与此同时,还应看到,伴随着企业研发国际化不断加深,"走出去"的中国企业所要面对的外部世界也更加多变复杂,外来者劣势也更加凸显,这些均会影响利益相关者对企业的看法。因此,企业在布局国际化深度策略时,应注重东道国当地的相关法律法规及技术限制等方面的内容,据此对研发机构做出相应的调整以获取组织合法性。

  其次,"走出去"的中国企业要控制好国际化速度以不断获取组织合法性。从战略的角度来看,国际化速度是企业战略决策的关键内容,企业需要从平衡企业资源和国际机会的角度出发,慎重考虑国际化速度。为了尽快弥补自身存在的劣势,"走出去"的中国企业不断呈现激进式的国际化进程,希望通过快速国际化以获取先发优势。但是根据 Uppsala 模型,企业开展国际化运作需要渐进式进行,基于不确定性和有限理性,企业需要通过持续学习不断积累经验知识,这是一个需要企业循序渐进、稳扎稳打的过程,不可能一蹴而就。因此,企业在将研发机构布局海外的同时还应当注意,海外制造基地、销售机构、设计机构等子公司的设立速度不宜过快,应当依据企业实际情况把握国际化速度,在积累相关经验的基础上提高企业应对各种风险的能力,不断处理好与东道国利益相关者的关系以获取组织合法性。

  最后,"走出去"的中国企业要平衡好国际化节奏以不断获取组织合法性。企业的国际化节奏在一定程度上反映了企业的国际战略规划，背后折射的是企业的发展思路和战略决策。对于"走出去"的中国企业来说，其跳跃、无规律的国际化节奏往往饱受诟病，企业的国际化进程越不规则，自身在信息处理、资源调配等方面的问题将更加突出，导致其管理效率低下，对海外市场的反应能力也会降低，无法发挥研发国际化带来的技术溢出作用，造成利益相关者对企业好感度降低。因此，相较于有规律的国际化进程，不规则的国际化所带来的风险更大。所以，"走出去"的中国企业在制订海外经营规划之前，应当对企业未来海外发展战略持有清晰认知，应当充分考虑多方面因素，避免走上跳跃、无序的国际化发展之路，要保持稳定的国际化节奏以不断获取组织合法性。

5.2.2 "走出去"的中国企业海外形象塑造策略

（1）重视消费者感知，丰富新媒体传播手段，强化本土化宣传

"走出去"的中国企业在海外经营过程中，存在明显的"多做少说、只做不说"问题，这使得企业难以与消费者建立情感链接，不利于消费者感知，从深层次上阻碍了海外形象建立。因此"走出去"的中国企业有必要丰富新媒体传播手段，加强本土化传播，增进海内外文化交流以获取组织合法性，从而不断提升企业海外形象。

首先，"走出去"的中国企业要利用新闻媒体的力量提升企业海外形象。中国企业应发挥新闻媒体的舆论导向作用，通过积极正面的企业形象宣传，把握传播规律，提升传播能力，突出传播内容的亲民性，增加与消费者的情感互动，引导企业海外形象激情引领型

提升路径的建设。为此，企业海外形象的传播既要有理性客观陈述，也要有感性细微渗透；既要有企业社会责任、社区贡献展示，也要有企业文化宣传及企业情感表达；既要有本地化"利民"数据展示，也要有海外生动故事刻画。同时，利用好企业官方网站和社交媒体账号等多种平台，在新兴媒体平台上加大图片、短视频等影像传播力度，坚持"我说"与"他说"并重，在"我说"的同时，动员企业外部人员"他说"，最终达到提升企业海外公信力、塑造企业良好海外形象的目的。

其次，"走出去"的中国企业需宣扬合适的企业文化和经营理念，注重人文关怀，在组织合法性获取的基础上提升企业海外形象。如今，全球化发展在不断推进的同时，也带来了逆全球化浪潮兴起，保护主义、排外主义抬头的问题，这给很多企业实施本土化经营战略带来了极大阻力和成本问题。这时企业传统的发展理念和企业文化在推进市场拓展和渠道扩张时的成本和阻力都会增加，需要寻找企业文化和经营理念契合点，积极融入海外市场环境。同时，需要充分考虑到海外市场当中用户和公众的心理特点和喜好、习惯及交流形式，邀请当地市场消费者参与企业文化活动，提升消费者对企业形象的认知，提升企业海外形象。

最后，"走出去"的中国企业需积极建立健全海外公关网络，增强协同效应，向消费者传递企业树立全球共识的信号以提升企业海外形象。企业应与东道国媒体、行业专家、意见领袖及其他利益相关者加强联系，重视借力传播，以此来减少文化差异，增进同东道国社会的理解与互信，如公司管理层可以通过客户年会、学术研讨会等不同场合的不同活动，积极发声，澄清关于中国企业的不正确认知，成为维护国家形象和中国企业形象的坚定捍卫者，在减少海外经营阻力的同时也能借助更多本土化传播平台讲好中国企业故事，提升中国企业海外形象。

（2）调整企业管理者主导逻辑，注重合规经营

"走出去"的中国企业想要进入东道国市场进行经营，需要在更广阔的市场上接受考验，优化资源配置，在提升应对市场风险能力的同时，不断机动性地调整企业管理者主导逻辑，指导企业选择合适的组织合法性获取策略，以提升海外形象。因此，"走出去"的中国企业可以从市场准入、合规经营及社区融入这三个组织合法性获取痛点出发，加强管理者的引导作用，帮助企业获取合法性，建立良好的海外形象。

首先，"走出去"的中国企业要获得东道国政府的市场准入，在获取规范合法性的基础上建立良好的企业海外形象。一方面，企业管理者需充分了解东道国政府及市场诉求，加强沟通与交流，了解当地利益相关者的现实需求，以及企业的业务对接模式，逐步形成企业市场进入所应具有的企业海外形象提升主导逻辑。在海外经营的全过程中，企业应与东道国政府保持密切联系，并做出打消对方顾虑的承诺，如在收购活动中承诺全面保留被收购方的外方管理人员、争取在当地上市、为当地提供就业机会等，并与工会及社会各界人士积极沟通，为企业的市场准入及后续海外经营营造良好氛围，便于组织合法性的获取，塑造友好的海外形象。另一方面，企业管理者应积极寻求与东道国本地企业或第三方机构进行密切合作，采用建立合资企业的方式进行海外投资，或者寻求当地专业投资银行、咨询公司和律师事务所的帮助等，提前做好应急预案，时刻准备及时调整主导逻辑，以应对突发情况。

其次,"走出去"的中国企业要进行合规经营,以获取组织合法性并塑造良好的海外形象。一方面,为确保海外合规经营的落实,企业管理者要充分关注并认识到母国与东道国的制度环境差异,在熟悉当地法律法规、制度政策、文化习俗的基础上对东道国市场环境进行准确的风险评估并慎重决定主导逻辑构建方向。企业管理者可采取"入乡随俗"的主导逻辑,尽可能符合东道国的法规和文化,以此获取组织合法性,从而提升海外形象。另一方面,企业管理者还可利用"离群独立"的主导逻辑,采用脱耦策略来获取组织合法性,求助于母国驻东道国的驻外大使或母国政府部门,帮助企业获取强有力的母国支撑,如若面对东道国政府的不公平对待,要勇于采取合理措施予以反击,维护合法权益,维护企业海外形象。

最后,"走出去"的中国企业管理者还需注重社区融入,以获取规制合法性和认知合法性,在此基础上塑造良好的海外形象。一方面,企业在海外应加大履行社会责任的力度,深层次主动融入东道国的经济社会,积极参与当地社会公益活动,如保护当地环境、维护海外员工权益、提升企业本土化率、参与社区建设、支持慈善事业等,尤其是在企业海外发展的成熟阶段,此时提升企业海外社会形象,对中国企业做大规模、提升国际影响力、布局全球战略大有裨益。另一方面,企业管理者要开阔思路、大胆创新,顺应当前时代发展趋势,利用大数据、人工智能、机器学习等新兴技术实现企业的履责目标,开展符合当地民众需求的项目,积极融入当地社区,建立海外社会风险规避机制,如在对工作时间、劳动报酬、工会关系等易产生冲突和矛盾的方面建立快速高效响应机制。在践行海外社会责任、融入当地社区的同时,也要保障企业自身权益,以此不断提升企业海外形象。

5.3 研究局限及展望

本研究探讨了组织合法性对"走出去"的中国企业海外形象的影响，研究结论对于国际商务和战略管理的相关研究具有一定的理论贡献，同时也为"走出去"的中国企业海外形象提升提供了实践指导，但是本研究仍存在一些局限，后续的研究可以在此基础上进行有效拓展。

（1）变量维度选择的局限

以往研究虽然对于国际化程度、国际化创新能力、研发国际化和组织合法性等主要变量的概念内涵有较为清晰和广泛的研究成果，但对其维度划分仍不能达成一致。本文仅从适用于研究情境和数据可得性的角度，对主要变量进行研究与衡量，但如何对其进行维度细分及各维度如何用二手数据测量有待进一步研究，可以考虑结合数据爬取和大数据分析等方式，找出更加合适的变量维度和测量方式。

（2）样本选取的局限

本研究包含三项实证研究，虽然三项实证研究的样本符合样本选取的要求，但从现实的角度来看，首先是总体样本容量不够大；其次是样本涉及行业多，但是每个行业的样本数量还不够多，由此造成数据结果的普适性较为有限。后续研究可扩大样本容量和年份跨度，对企业国际化与组织合法性的影响进行更加充分的解释。同时，本研究包含两项案例研究，分别为一项单案例研究和一项多案例研究，但是单案例研究可能存在结论普适性差等问题，而多案例研究中访谈数据较少，案例有效性待提升。未来研究拟扩展案例研究企业数目，并加大访谈深度，以期挖掘更多隐藏信息，完善组织合法性对企业海外形象的内在机理研究。

（3）理论模型的局限

首先，本研究从研发国际化广度及研发国际化深度出发，研究其对组织合法性的直接影响，但是忽略了在其中可能存在的传导机制，未来研究可进一步挖掘国际化程度和组织合法性之间存在的中介机制，以更好地解释国际化程度对组织合法性的影响。其次，对于国际化动态能力对组织合法性的影响机制，本研究忽略了情境因素的影响，后续研究可探寻影响机制的边界条件。最后，对于研发国际化对组织合法性的影响研究，在本研究所考虑到的情境因素中，国际化速度和国际化节奏均是从企业本身的角度出发，没有考虑到其他企业外部的相关影响因素，后续研究可从多层次、多角度对研发国际化与组织合法性之间的影响机制展开研究。

主要参考文献

[1] 白云霞,邱穆青,李伟. 投融资期限错配及其制度解释——来自中美两国金融市场的比较[J]. 中国工业经济,2016(7):23-39.

[2] 陈强远,林思彤,张醒. 中国技术创新激励政策:激励了数量还是质量[J]. 中国工业经济,2020(4):79-96.

[3] 陈衍泰,厉婧,程聪,等. 海外创新生态系统的组织合法性动态获取研究——以"一带一路"海外园区领军企业为例[J]. 管理世界,2021,37(8):161-180.

[4] 程聪,谢洪明,池仁勇. 中国企业跨国并购的组织合法性聚焦:内部,外部,还是内部+外部?[J]. 管理世界,2017(4):158-173.

[5] 崔永梅,张亚,曾德麟,等. 跨国并购背景下的企业自主创新能力演化机制研究[J]. 软科学,2020,34(6):8-16.

[6] 邓新明,刘禹,龙贤义,等. 管理者认知视角的环境动态性与组织战略变革关系研究[J]. 南开管理评论,2021,24(1):62-73,88-90.

[7] 董临萍,宋渊洋. 高管团队注意力与企业国际化绩效:权力与管理自由度的调节作用[J]. 管理评论,2017,29(8):167-178.

[8] 范晓明,王晓玉,杨祎. 消费者感知视角的网络发言人特质对品牌关系投资意愿影响机制研究[J]. 南开管理评论,2018(5):64-72.

[9] 房琳,侯立松,鲍林. 来源国刻板印象在"中国制造"海外形象中的嵌入效应及干预策略[J]. 企业经济,2020(2):107-113.

[10] 冯文婷,沈先运,汪涛,等. 拟人化沟通对企业国际化的影响机制研究——基于印象形成连续模型理论[J]. 南开管理评论,2022,25(2):170-180.

[11] 葛明磊，武亚军. 产能过剩背景下国有企业战略变革过程中的主导逻辑研究——以山东青州中联"水泥+"一体化转型为例[J]. 科学学与科学技术管理，2021，42(1)：146-160.

[12] 韩震，匡海波，武成圆，等. 基于消费者感知的产品道德属性表达研究——以网购农产品为例[J]. 管理评论，2018(4)：83-93.

[13] 胡钰. 央企形象与国家形象[J]. 中国软科学，2016(8)：170-174.

[14] 霍春辉，袁少锋，彭泗清. 中国品牌的原产制效应——品牌所在企业所有制类型对消费者品牌特性感知和偏好的影响[J]. 管理评论，2016(3)：196-206.

[15] 贾镜渝，李文. 距离、战略动机与中国企业跨国并购成败——基于制度和跳板理论[J]. 南开管理评论，2016，19(6)：122-132.

[16] 贾镜渝，孟妍. 经验学习、制度质量与国有企业海外并购[J]. 南开管理评论，2022，25(3)：49-63.

[17] 雷玮，陈妍，吴琼. 东道国社会信任能降低企业跨国经营的不确定性吗？——以海外子公司所有权结构设计为例[J]. 外国经济与管理，2022，44(1)：16-34.

[18] 李加鹏，吴蕊，杨德林. 制度与创业研究的融合：历史回顾及未来方向探讨[J]. 管理世界，2020，36(5)：204-219，19.

[19] 李善民，黄志宏，郭菁晶. 资本市场定价对企业并购行为的影响研究——来自中国上市公司的证据[J]. 经济研究，2020，55(7)：41-57.

[20] 李同茂，张良波，谢育锋，等. 开源品牌化条件下消费者-品牌价值共创的路径探索——以比亚迪为例[J]. 管理案例研究与评论，2021(4)：425-445.

[21] 林晨雨，符正平，成林峰，等. 做得好更要说得好！——组织合法性的话语建构研究回顾与展望[J]. 管理学季刊，2021(2)：119-144.

[22] 刘娟，杨勃. 同构还是创新？中国企业海外子公司制度逻辑冲突的

响应策略[J]. 经济管理，2021，43(9)：48-67.

[23] 刘新恒，丁辉，李舒娴，等. 股票市场开放能提高中国企业生产效率吗？——基于陆港通的准自然实验[J]. 系统工程理论与实践，2021，41(12)：3115-3128.

[24] 刘云，Wang G Greg. 基于评价者视角的组织合法性研究：合法性判断[J]. 外国经济与管理，2017(5)：73-84.

[25] 刘志彪，吴福象."一带一路"倡议下全球价值链的双重嵌入[J]. 中国社会科学，2018(8)：17-32.

[26] 刘志阳，许莉萍. 制度与社会创业：基于文献的整合框架[J]. 经济管理，2022，44(1)：192-208.

[27] 卢艳秋，宋昶，王向阳. 战略导向与组织结构交互的动态能力演化——基于海尔集团的案例研究[J]. 管理评论,2021,33(9): 340-352.

[28] 马新啸，汤泰劼，郑国坚. 非国有股东治理与国有企业的税收规避和纳税贡献——基于混合所有制改革的视角[J]. 管理世界，2021，37(6)：128-141，8.

[29] 毛基业，陈诚. 案例研究的理论构建：艾森哈特的新洞见——第十届"中国企业管理案例与质性研究论坛（2016）"会议综述[J]. 管理世界，2017(2)：135-141.

[30] 彭新敏，张祺瑞，刘电光. 后发企业超越追赶的动态过程机制——基于最优区分理论视角的纵向案例研究[J]. 管理世界，2022，38(3)：145-162.

[31] 齐托托，周洵，王天梅. 在线评论特征对知识付费产品销量的影响研究——基于产品类型的调节作用[J]. 管理评论,2021,33(11): 209-222.

[32] 任鸽，陈伟宏，钟熙. 高管国际经验、环境不确定性与企业国际化进程[J]. 外国经济与管理，2019，41(9)：109-121.

[33] 石静，朱庆华. 多源质量信息对再制造产品线上销售的影响机理研

究[J]. 管理评论，2021，33(11)：199-208.

[34] 宋耘, 王婕, 陈浩泽. 逆全球化情境下企业的组织韧性形成机制——基于华为公司的案例研究[J]. 外国经济与管理，2021，43(5)：3-19.

[35] 孙瑾, 郑雨, 陈静. 感知在线评论可信度对消费者信任的影响研究——不确定性规避的调节作用[J]. 管理评论，2020(4)：146-159.

[36] 谭云清, 翟森竞. 关系嵌入、资源获取与中国OFDI企业国际化绩效[J]. 管理评论，2020，32(2)：29-39.

[37] 汪涛, 周玲, 周南, 等. 来源国形象是如何形成的？——基于美、印消费者评价和合理性理论视角的扎根研究[J]. 管理世界，2012(3)：113-126.

[38] 汪涛, 贾煜, 崔朋朋, 等. 外交关系如何影响跨国企业海外市场绩效[J]. 中国工业经济，2020(7)：80-97.

[39] 王崇, 肖久灵. 成本视角下"迟钝型"与"敏感型"网络消费者商品效用模型构建[J]. 管理评论，2018(6)：104-111.

[40] 王益民, 方宏. 中国企业国际化过程的"加速"和"跳跃"：过度自信视角[J]. 管理科学，2018，31(2)：87-99.

[41] 王益民, 王友春. 国际化会促进母国社会责任脱耦吗？——基于制度逻辑视角的研究[J]. 管理评论，2022，34(6)：268-279.

[42] 王宇, 魏守华. 网络交易市场中第三方标记的有效性研究——基于信号传递理论的一个解释[J]. 管理评论，2016，28(9)：51-60.

[43] 王钰, 胡海青. 冗余资源与创业导向：制度环境的调节效应[J]. 科研管理，2021，42(8)：35-42.

[44] 王泽宇, 刘刚, 梁晗. 中国企业对外投资选择的多样性及其绩效评价[J]. 中国工业经济，2019(3)：5-23.

[45] 魏江, 王丁, 刘洋. 来源国劣势与合法化战略——新兴经济企业跨国并购的案例研究[J]. 管理世界，2020，36(3)：101-120.

[46] 魏江, 王诗翔, 杨洋. 向谁同构？中国跨国企业海外子公司对制度

双元的响应[J]. 管理世界，2016(10)：134-149，188.

[47] 魏江，杨洋. 跨越身份的鸿沟：组织身份不对称与整合战略选择[J]. 管理世界，2018，34(6)：140-156，188.

[48] 魏瑾瑞，王金伟. 在线评论回报的动态声誉机制研究[J]. 中国管理科学，2022(1)：252-262.

[49] 吴波，李东进，杜立婷. 消费者品牌感知研究——对品牌意图能动框架的延伸[J]. 管理评论，2015(2)：87-98.

[50] 吴航，陈劲. 国际搜索与本地搜索的抉择——企业外部知识搜索双元的创新效应研究[J]. 科学学与科学技术管理，2016，37(9)：102-113.

[51] 吴先明. 跨国企业：自Hymer以来的研究轨迹[J]. 外国经济与管理，2019，41(12)：135-160.

[52] 肖宵，林珊珊，李青，等. 知识距离和制度距离对新兴经济体企业创新追赶的影响研究——企业特征的双重调节作用[J]. 管理评论，2021，33(10)：115-129.

[53] 谢荣见，李小东. 企业形象对服务失误的过滤机制研究[J]. 软科学，2017，31(3)：54-57.

[54] 徐浩，谭德庆，张敬钦，等. 群体性突发事件非利益相关者羊群行为的演化博弈分析[J]. 管理评论，2019，31(5)：254-266.

[55] 许晟，余明阳，薛可，等. 新媒体情境下品牌体验对消费者反应的影响机理研究[J]. 管理评论，2021(5)：341-352.

[56] 许晖，张娜，冯永春. 事不关己，"不应"挂起——外部弱相关事件与B2B企业品牌形象提升机理研究[J]. 南开管理评论，2019，22(6)：27-39.

[57] 许泰然，伍青生. 企业新产品发布策略与消费者关注度研究[J]. 软科学，2020，34(1)：58-64.

[58] 薛求知，冯锋. 中国企业跨国并购的信号作用[J]. 技术经济，2019，38(7)：71-81.

[59] 阎海燕，刘慧，徐波. 基于系统动力学的企业跨国并购动态整合能力研究[J]. 系统科学学报，2016，24(1)：70-74.

[60] 杨爱萍. 企业形象概念文献综述[J]. 现代商业，2019(36)：23-25.

[61] 杨勃，刘娟. 来源国劣势：新兴经济体跨国企业国际化"出身劣势"——文献评述与整合框架构建[J]. 外国经济与管理，2020，42(1)：113-125.

[62] 杨勃，齐欣，张宁宁. 新兴市场跨国企业国际化的来源国劣势研究——基于组织身份视角[J]. 经济与管理研究，2020，41(4)：74-87.

[63] 杨博旭，王玉荣，李兴光，等. 技术多元化对双元创新绩效的影响研究：基于正式与非正式制度环境的视角[J]. 科学学与科学技术管理，2021，42(12)：145-162.

[64] 杨婵，贺小刚，杨昊，等. 开发区是促进还是阻碍企业国际化？——基于文献的分析[J]. 外国经济与管理，2020，42(4)：139-152.

[65] 杨晨，王海忠，王静一. 树木还是森林——消费者思维模式对新兴国家负面原产国效应的影响机制研究[J]. 南开管理评论，2016(2)：157-169.

[66] 杨晨，杨淑欣，黄晓治. 正宗品牌的消费者感知理论框架——基于合理性视角[J]. 管理现代化，2020(1)：80-83.

[67] 杨洋，魏江，王诗翔. 内外部合法性平衡：全球研发的海外进入模式选择[J]. 科学学研究，2017，35(1)：73-84，124.

[68] 姚辉斌，张亚斌. 要素禀赋差异、制度距离与中国对"一带一路"沿线国家 OFDI 的区位选择[J]. 经济经纬，2021，38(1)：66-74.

[69] 叶广宇，申素琴，靳田田. 母国制度环境约束下企业动态能力与国际化区位选择[J]. 软科学，2015，29(11)：61-64，74.

[70] 雍旻,刘伟,邓睿.跨越非正式与正式市场间的制度鸿沟——创业支持系统对农民创业正规化的作用机制研究[J].管理世界,2021,37(4):112-130.

[71] 曾楚宏,朱仁宏,李孔岳.基于战略视角的组织合法性研究[J].外国经济与管理,2008(2):9-15.

[72] 张安然,许正良,喻昕.善因营销捐赠额度和广告导向对消费者反应的影响研究[J].南开管理评论,2020(4):12-24.

[73] 张化尧,吴梦园,陈晓玲.资源互补与国际化中的合法性获取——基于跨国战略联盟的混合研究[J].科学学研究,2018,36(3):513-520,530.

[74] 张化尧,高美兰,许佳荧.跨国联盟中的组织学习与合法性获取:中小企业国际化的案例研究[J].科研管理,2020,41(10):21-29.

[75] 张璐,韩玉琪,严子淳,等.主导逻辑:内涵、研究议题及未来展望[J].科研管理,2022,43(4):165-176.

[76] 张璐,闫红月,苏敬勤,等.从"锁定"到"进阶":如何突破主导逻辑的路径依赖——基于战略认知视角的案例研究[J].南开管理评论,2021,24(1):86-96,117-118.

[77] 赵凤,王铁男,王宇.开放式创新中的外部技术获取与产品多元化:动态能力的调节作用研究[J].管理评论,2016,28(6):76-85.

[78] 赵晶,孟维烜.官员视察对企业创新的影响——基于组织合法性的实证分析[J].中国工业经济,2016(9):109-126.

[79] 赵奇伟,周莹.行业内国际化经验多样性、外来者劣势与企业国际化速度[J].南开经济研究,2021(5):100-120.

[80] 周常宝,王洪梁,林润辉,等.新兴市场企业跨国并购后组织内部合法性的动态演化机制——基于社会心理学视角[J].管理评论,2020,32(9):251-265.

[81] 周常宝，林润辉，李康宏，等. 跨国公司海外子公司治理研究新进展[J]. 外国经济与管理，2016，38(5)：99-112.

[82] 周立新. 家族企业国际化与企业绩效——家族传承意愿与政治关系的调节效应[J]. 管理评论，2019，31(9)：159-168.

[83] 左志刚，杨帆. 东道国文化特质与跨国并购失败风险——基于中国企业海外并购样本的实证研究[J]. 外国经济与管理，2021，43(1)：58-72.

[84] ADNER R，HELFAT C. Corporate effects and dynamic managerial capabilities[J]. Strategic Management Journal，2003，24(10)：1011-1025.

[85] ALI，H，Y，et al. How corporate social responsibility boosts firm financial performance：The mediating role of corporate image and customer satisfaction[J]. Corporate Social Responsibility and Environmental Management，2020，27(1)：166-177.

[86] BAUMANN-PAULY D，SCHERER，A G PALAZZO，et al. Managing Institutional Complexity：A Longitudinal Study of Legitimacy Strategies at a Sportswear Brand Company[J]. Journal of Business Ethics，2016，137(1)：31-51.

[87] CUERVO-CAZURRA A，LUO Y，RAMAMURTI R，et al. The Impact of the home country on internationalization[J]. Journal of World Business，2018，53(5)：593-604.

[88] HAMPEL C E，TRACEY P. How Organizations Move From Stigma to Legitimacy：The Case of Cook's Travel Agency in Victorian Britain[J]. Academy of Management Journal，2017，60(6)：2175-2207.

[89] HERAS SAIZARBITORIA I，BOIRAL O，ALLUR E，et al. Communicating environmental management certification：Signaling

without signals?[J]. Business Strategy and the Environment, 2020, 29(2): 422-431.

[90] HITT, M A, BIERMAN, et al. The Importance of Resources in the Internationalization of Professional Service Firms: The Good, the Bad and the Ugly[J]. Academy of Management Journal, 2006, 49(06): 1137-1157.

[91] JEONG P Y, DR K T. Between legitimacy and efficiency: An institutional theory of corporate giving[J]. Academy of Management Journal, 2019, 62(5): 1583-1608.

[92] KARAEVLI A, YURTOGLU B B. Family ownership, market development, and internationalization of Turkish business groups (1925-2017)[J]. Journal of World Business, 2021, 56(6).

[93] LI J, LI P, WANG B. The liability of opaqueness: State ownership and the likelihood of deal completion in international acquisitions by Chinese firms[J]. Strategic Management Journal, 2019, 40(2): 303-327.

[94] MATARAZZO M, PENCO L, PROFUMO G, et al. Digital transformation and customer value creation in Made in Italy SMEs: A dynamic capabilities perspective[J]. Journal of Business Research, 2021, 123: 642-656.

[95] MUKHERJEE D, MAKARIUS E E, STEVENS C E. Business group reputation and affiliates' internationalization strategies[J]. Journal of World Business, 2018, 53(2): 93-103.

[96] PARK, RISHIKA R, JANAKIRAMAN R, et al. Social dollars in online communities: the effect of product, user and network characteristics[J]. Journal of Marketing, 2017, 8(1): 93-114.

[97] PENG M W, JIANG W Y. An institution-based view of international business strategy: a focus on emerging economies[J]. Journal of International Business Studies, 2008, 39(5): 920-936.

[98] POPLI M, RAITHATHA M, AHSAN F M. Signaling behavioral intent through better governance: A study of emerging market multinational enterprises[J]. Journal of Business Research, 2021, 135: 697-710.

[99] RITVALA T, GRANQVIST N, PIEKKARI R. A processual view of organizational stigmatization in foreign market entry: The failure of Guggenheim Helsinki[J]. Journal of International Business Studies, 2021, 52(2): 282-305.

[100] TOURKY M, ALWI S F S, KITCHEN P, et al. New conceptualization and measurement of corporate identity: Evidence from UK food and beverage industry[J]. Journal of Business Research, 2020, 109: 595-606.